中国国情调研丛书·企业卷
China's national conditions survey Series · **Vol enterprises**
主　编　陈佳贵
副主编　黄群慧

皇明太阳能集团考察

Survey on Himin Group

李晓华　等／著

经济管理出版社
ECONOMY & MANAGEMENT PUBLISHING HOUSE

图书在版编目（CIP）数据

皇明太阳能集团考察/李晓华等著. —北京：经济管理出版社，2015.4
ISBN 978-7-5096-3654-1

Ⅰ.①皇…　Ⅱ.①李…　Ⅲ.①太阳能发电—电力工业—企业管理—经验—中国
Ⅳ.①F426.61

中国版本图书馆 CIP 数据核字（2015）第 047819 号

组稿编辑：陈　力
责任印制：黄章平
责任校对：赵天宇

出版发行：经济管理出版社
　　　　　（北京市海淀区北蜂窝 8 号中雅大厦 A 座 11 层　　100038）
网　　　址：www. E-mp. com. cn
电　　话：（010）51915602
印　　刷：三河市延风印装有限公司
经　　销：新华书店
开　　本：720mm×1000mm/16
印　　张：11.5
字　　数：183 千字
版　　次：2017 年 1 月第 1 版　　2017 年 1 月第 1 次印刷
书　　号：ISBN 978-7-5096-3654-1
定　　价：38.00 元

《中国国情调研丛书·企业卷·乡镇卷·村庄卷》

序　言

　　为了贯彻党中央的指示，充分发挥中国社会科学院思想库和智囊团的作用，进一步推进理论创新，提高哲学社会科学研究水平，2006年中国社会科学院开始实施"国情调研"项目。

　　改革开放以来，尤其是经历了近30年的改革开放进程，我国已经进入了一个新的历史时期，我国的国情发生了很大变化。从经济国情角度看，伴随着市场化改革的深入和工业化进程的推进，我国经济实现了连续近30年的高速增长。我国已经具有庞大的经济总量，整体经济实力显著增强，到2006年，我国国内生产总值达到了209407亿元，约合2.67万亿美元，列世界第四位；我国的经济结构也得到了优化，产业结构不断升级，第一产业产值的比重从1978年的27.9%下降到2006年的11.8%，第三产业产值的比重从1978年的24.2%上升到39.5%；2006年，我国实际利用外资为630.21亿美元，列世界第四位，进出口总额达1.76万亿美元，列世界第三位；我国人民生活水平不断改善，城市化水平不断提升。2006年，我国城镇居民家庭人均可支配收入从1978年的343.4元上升到11759元，恩格尔系数从57.5%下降到35.8%，农村居民家庭人均纯收入从133.6元上升到3587元，恩格尔系数从67.7%下降到43%，人口城市化率从1978年的17.92%上升到2006年的43.9%以上。经济的高速发展，必然引起国情的变化。我们的研究表明，我国的经济国情已经逐渐从一个农业经济大国转变为一个工业经济大国。但是，这只是从总体上对我国经济国情的分析判断，还缺少对我国经济国情变化分析的微观基础。这需要对我国基层单位进行详细的分析研究。实际上，深入基层进行调查研究，坚持理论与实际相结合，由此制定和执行正确的路线方针政策，是我们党领导革命、建设和改革的基本经验和基本工作方法。进行国情调研，也必须深入基层，只有深入基层，才能真正了解我国国情。

为此，中国社会科学院经济学部组织了针对我国企业、乡镇和村庄三类基层单位的国情调研活动。据国家统计局的最近一次普查，到 2005 年底，我国有国营农场 0.19 万家，国有以及规模以上非国有工业企业 27.18 万家，建筑业企业 5.88 万家；乡政府 1.66 万个，镇政府 1.89 万个，村民委员会 64.01 万个。这些基层单位是我国社会经济的细胞，是我国经济运行和社会进步的基础。要真正了解我国国情，必须对这些基层单位的构成要素、体制结构、运行机制以及生存发展状况进行深入的调查研究。

在国情调研的具体组织方面，中国社会科学院经济学部组织的调研由我牵头，第一期安排了三个大的长期的调研项目，分别是"中国企业调研"、"中国乡镇调研"和"中国村庄调研"。"中国乡镇调研"由刘树成同志和吴太昌同志具体负责，"中国村庄调研"由张晓山同志和蔡昉同志具体负责，"中国企业调研"由我和黄群慧同志具体负责。第一期项目时间为三年（2006~2009 年），每个项目至少选择 30 个调研对象。经过一年多的调查研究，这些调研活动已经取得了初步成果，分别形成了《中国国情调研丛书·企业卷》、《中国国情调研丛书·乡镇卷》和《中国国情调研丛书·村庄卷》。今后，这三个国情调研项目的调研成果还会陆续收录到这三卷书中。我们期望，通过《中国国情调研丛书·企业卷》、《中国国情调研丛书·乡镇卷》和《中国国情调研丛书·村庄卷》这三卷书，能够在一定程度上反映和描述在 21 世纪初期工业化、市场化、国际化和信息化的背景下，我国企业、乡镇和村庄的发展变化。

国情调研是一个需要不断进行的过程，以后我们还会在第一期国情调研项目基础上将这三个国情调研项目滚动开展下去，全面持续地反映我国基层单位的发展变化，为国家的科学决策服务，为提高科研水平服务，为社会科学理论创新服务。《中国国情调研丛书·企业卷》、《中国国情调研丛书·乡镇卷》和《中国国情调研丛书·村庄卷》这三卷书也会在此基础上不断丰富和完善。

中国社会科学院副院长、经济学部主任

陈佳贵

2007 年 9 月

《中国国情调研丛书·企业卷》

序　言

　　企业是我国社会主义市场经济的主体，是最为广泛的经济组织。要对我国经济国情进行全面深刻的了解和把握，必须对企业的情况和问题进行科学的调查和分析。深入了解我国企业生存发展的根本状况，全面把握我国企业生产经营的基本情况，仔细观察我国企业的各种行为，分析研究我国企业面临的问题，对于科学制定国家经济发展战略和宏观调控经济政策，提高宏观调控经济政策的科学性、针对性和可操作性，具有重要的意义。另外，通过"解剖麻雀"的典型调查，长期跟踪调查企业的发展，详尽反映企业的生产经营状况、改革与发展情况、各类行为和问题等，也可以为学术研究积累很好的案例研究资料。

　　基于上述两方面的认识，中国社会科学院国情调查选择的企业调研对象，是以中国企业及在中国境内的企业为基本调查对象，具体包括各种类型的企业，既包括不同所有制企业，也包括各个行业的企业，还包括位于不同区域、具有不同规模的各种企业。所选择的企业具有一定的代表性，或者是在这类所有制企业中具有代表性，或者是在这类行业中具有代表性，或者是在这个区域中具有代表性，或者是在这类规模的企业中具有代表性。我们期望，通过长期的调查和积累，中国社会科学院国情调查之企业调查对象，逐步覆盖各类所有制、各类行业、不同区域和规模的代表性企业。

　　中国社会科学院国情调查之企业调查的基本形式是典型调查，针对某个代表性的典型企业长期跟踪调查。具体调查方法除了收集查阅各类报表、管理制度、文件、分析报告、经验总结、宣传介绍等文字资料外，主要是实地调查，实地调查主要包括进行问卷调查、会议座谈或者单独访谈、现场观察写实等方式。调查过程不干扰企业的正常生产经营秩序，调查报告不能对企业正常的生产经营活动产生不良影响，不能泄露企业的商业秘密，"研究无禁区，宣传有纪律"，这是我们进行企业调研活动遵循的基本原则。

中国社会科学院国情调查之企业调查的研究成果主要包括两种形式：一是内部调研报告，主要是针对在调查企业过程中发现的某些具体但具有普遍意义的问题进行分析的报告；二是全面反映调研企业整体情况、生存发展状况的长篇调研报告。这构成了《中国国情调研丛书·企业卷》的核心内容。《中国国情调研丛书·企业卷》的基本设计是，大体上每一家被调研企业的长篇调研报告独立成为《中国国情调研丛书·企业卷》中的一册。每家企业长篇调研报告的内容，或者说《中国国情调研丛书·企业卷》每册书的内容，大致包括以下相互关联的几个方面：一是关于企业的发展历程和总体现状的调查，这是对一个企业基本情况的大体描述，使人们对企业有一个大致的了解，包括名称、历史沿革、所有者、行业或主营业务、领导体制、组织结构、资产、销售收入、效益、产品、人员等；二是有关企业生产经营的各个领域、各项活动的深入调查，包括购销、生产（或服务）、技术、财务与会计、管理等专项领域和企业活动；三是关于企业某个专门问题的调查，例如企业改革问题、安全生产问题、信息化建设问题、企业社会责任问题、技术创新问题、品牌建设问题，等等；四是通过对这些个案企业的调查分析，引申出这类企业生存发展中所反映出的一般性的问题、理论含义或者其他代表性意义。

中国正处于经济高速增长的工业化中期阶段，同时中国的经济发展又是以市场化、全球化和信息化为大背景的，我们期望通过《中国国情调研丛书·企业卷》，对中国若干具有代表性的企业进行一个全景式的描述，给处于市场化、工业化、信息化和全球化背景中的中国企业留下一幅幅具体、生动的"文字照片"。一方面，我们努力提高《中国国情调研丛书·企业卷》的写作质量，使这些"文字照片"清晰准确；另一方面，我们试图选择尽量多的企业进行调查研究，将始于2006年的中国社会科学院国情调研之企业调研活动持续下去，不断增加《中国国情调研丛书·企业卷》的数量，通过更多的"文字照片"来全面展示处于21世纪初期的中国企业的发展状况。

中国社会科学院经济学部工作室主任

黄群慧

2007年9月

目　录

第一章 总 论
——产业生态系统与皇明太阳能的发展

第一节 太阳能热水器产业发展的背景

随着化石能源的枯竭和全球变暖，太阳能等可再生能源的开发与利用成为世界各国关注的焦点。以皇明太阳能集团为代表的中国太阳能企业经过近 20 年发展，不但独立自主地形成具有中国特色的太阳能热水器产业体系，而且使中国成为世界最大的太阳能热水器生产国和利用国，为应对全球气候变暖、改善地球环境做出了重要的贡献。

一、全球变暖与可再生能源发展的必要性

工业革命后，科技的发展、生活水平的改善以及人均寿命的提高使地球人口从 1800 年的 10 亿猛增到现在的将近 70 亿，仅过去 50 年中，世界人口数量就翻了一番，食物和淡水消耗增加了 2 倍，化石燃料增加了 3 倍，地球 1/3~1/2 的光和产物都被人类所消耗（乔纳森·福利）。在过去 10000 年里，大气中的二氧化碳、甲烷和一氧化二氮浓度基本保持稳定，但是到最近 200 年以来，由于人类活动及其对化石能源的消耗而迅速增加（柯林斯等，2007），特别是全球来自化石能源的二氧化碳排放自 1900 年显著增长，1900~2008 年增加了 16 倍，1990~2008 年增加了 1.5 倍（Boden et al.），如今二氧化碳的浓度已经比工业化前高出大约 35%，一氧化二氮浓度高出 20%，甲烷浓度大约是工业化前的 2.5 倍（柯林斯等，2007）。

近百年来，全球气候系统性的变暖已经成为不争的事实，并威胁到人类社会的可持续发展（IPCC，2007）。全球气候变暖很可能会带来灾难性

的后果，如果全球平均温度增幅超过 1.5℃~2.5℃（与 1980~1999 年相比），所评估的 20%~30% 的物种可能面临增大的灭绝风险；如果全球平均温度升高超过约 3.5℃，模式预估结果显示，全球将出现大量物种灭绝（占所评估物种的 40%~70%）(IPCC，2007)。全球气候变暖的主要原因是人类活动（特别是化石能源的使用）所导致的温室气体排放和温室气体浓度的增加，这已经成为世界的共识，如图 1-1 所示。

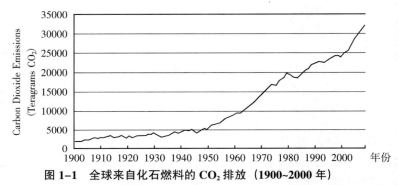

图 1-1　全球来自化石燃料的 CO_2 排放（1900~2000 年）

资料来源：Boden, T. A., G. Marland, and R. J. Andres. Global, Regional, and National Fossil-Fuel CO_2 Emissions. Carbon Dioxide Information Analysis Center, Oak Ridge National Laboratory, U. S. Department of Energy, Oak Ridge, Tenn., U. S. A. doi 10. 3334/CDIAC/00001_V2010, 2010.

　　面对气候变化问题的严重性和紧迫性，世界各国纷纷采取行动，建立了全球应对气候变化的机制，促进了一系列国家政策的出台。比较有代表性的有：1992 年通过以降低人类活动对气候系统的影响、协调国际社会减缓气候变化行动为目标的《联合国气候变化框架公约》（UNFCCC）；1997 年 149 个国家和地区的代表在日本东京召开《联合国气候变化框架公约》缔约方第三次会议，通过以量化温室气体减排义务为主要内容的《京都议定书》（Kyoto Protocol）等（中国科学院可持续发展战略研究组）。2011 年 12 月 11 日，《联合国气候变化框架公约》第 17 次缔约方会议暨《京都议定书》第 7 次缔约方会议在南非德班闭幕，大会通过决议，建立德班增强行动平台特设工作组，决定实施《京都议定书》第二承诺期并启动绿色气候基金。可以说，发展低碳经济（Low Carbon Economy）作为保障能源安全、应对气候变化的基本途径正逐渐获得全球越来越多国家的认同（中国科学院可持续发展战略研究组）。低碳经济的发展必将对世界经济发展产生深刻的影响，带来产业发展方向的重大转变和调整。

二、太阳能热水器产业对中国的意义

对于中国来说，同时面临着解决减少温室气体排放和能源供应约束的双重任务。

（1）中国已经是世界第一大二氧化碳排放国。根据 BP 的数据，中国 2010 年二氧化碳排放量 83.33 亿吨，占世界的 25.1%，比 2000 年增长了 127.7%，远远超过 29.6% 的世界平均水平。同时，我国的单位 GDP 能耗和碳排放强度远远高于发达国家。用现价衡量，我国 2006 年单位 GDP 能耗约是世界平均水平的 3 倍，即使用购买力评价美元衡量，我国单位 GDP 能耗也是世界平均水平的 1.5 倍（2007 年），单位 GDP 二氧化碳排放则是世界平均水平的近 4 倍。能源效率与发达国家特别是欧盟、日本的差距则更为显著，甚至比不上同为发展中国家的印度。尽管中国承诺到 2020 年，单位国内生产总值二氧化碳排放将比 2005 年下降 40%~45%，但排放总量仍然会大幅度增长。国内外研究机构对我国能源消费带来的 CO_2 排放量进行了大量研究，预计 CO_2 排放峰值大约出现在 2030 年前后，达到 80 亿~110 亿吨[①]。同时，中国仍处于工业化和城镇化的快速推进时期，对钢铁、有色、水泥等高耗能和高排放产品仍有很大的需求，因此，完成 2020 年减排承诺对中国有很大的压力。

表 1-1 主要国家单位 GDP 能耗和二氧化碳排放比较

	单位 GDP 能耗（百万吨油当量/10 亿现价美元 GDP）		单位 GDP 能耗（千克油当量/2005 年 PPP 1000 美元）			单位 GDP 二氧化碳排放（千克/2005 年 PPP 美元）		
	1990 年	2006 年	1990 年	2000 年	2007 年	1990 年	2000 年	2006 年
中国	2.43	0.71	691	324	283	5.53	2.84	2.84
德国	0.21	0.12	172	134	121	—	0.44	0.40
印度	1.01	0.62	300	253	196	2.55	2.58	2.13
日本	0.15	0.12	137	143	127	0.28	0.26	0.24

---

① 中国社会科学院工业经济研究所. 国家社科基金重大招标项目研究报告《新型工业化道路与推进工业结构优化升级研究》，"第 5 章 环境承载力与新型工业化".

续表

	单位 GDP 能耗（百万吨油当量/10 亿现价美元 GDP）		单位 GDP 能耗（千克油当量/2005 年 PPP 1000 美元）			单位 GDP 二氧化碳排放（千克/2005 年 PPP 美元）		
	1990 年	2006 年	1990 年	2000 年	2007 年	1990 年	2000 年	2006 年
韩国	0.35	0.24	191	214	183	0.82	0.83	0.67
英国	0.21	0.10	152	128	102	0.50	0.37	0.32
美国	0.33	0.18	236	204	177	0.69	0.59	0.51
世界	0.40	0.24	237	203	185	0.93	0.77	0.75

资料来源：World Development Indicators 2008，World Development Indicators 2009，WDI online 数据库.

（2）我国能源供应的压力巨大。从表 1-2 看到，我国石油和天然气储量仅占世界的 1.04% 和 1.65%，储采比仅为 11.40 和 28.87，而世界平均储采比达到 52.93 和 55.68，即使我国储量排名世界第三的煤炭，其储采比也仅为 31.37，而世界煤炭储采比高达 109.47。由于我国石油和天然气储量有限产量难以满足国内需求，对外依赖程度不断提高。根据中国石油集团经济技术研究院发布的《2012 年国内外油气行业发展报告》，2012 年我国石油净进口量达 2.84 亿吨，石油对外依存度达 58%，原油净进口量达 2.69 亿吨，原油对外依存度达 56.6%，进口天然气 428 亿立方米，对外依存度达到 29%。[①] 因此，发展可再生能源是保障我国能源安全、减少二氧化碳排放的必然要求。

表 1-2　中国化石能源储量情况

	储量	占世界比重（%）	储量排名	储采比	世界平均储采比
石油（10 亿吨）	2.4	1.04	14	11.40	52.93
天然气（万亿立方米）	3.1	1.65	13	28.87	55.68
煤炭（百万吨）	114500	13.30	3	31.37	109.47

资料来源：BP Statistical Review of World Energy（June 2013）.

---

① 中国石油. 2012 年我国油气对外依存度继续上升 [EB/OL]. 中央政府门户网站 http://www.gov.cn，2013-01-30.

中国是太阳能资源丰富的国家，全国各地的年太阳辐射总量 928~2333
千瓦时/平方米，中值为 1626 千瓦时/平方米。根据各地接受太阳总辐射的
多少，可将全国划分为五类地区：

一类地区为中国太阳能资源最丰富的地区，年太阳辐射总量 6680~
8400 兆焦/平方米，相当于日辐射量 5.1~6.4 千瓦时/平方米。这类地区包
括宁夏北部、甘肃北部、新疆东部、青海西部和西藏西部等地，尤以西藏
西部最为丰富，最高达 2333 千瓦时/平方米（日辐射量 6.4 千瓦时/平方
米），仅次于撒哈拉大沙漠。

二类地区为中国太阳能资源比较丰富地区，年太阳辐射总量 5850~
6680 兆焦/平方米，相当于日辐射量 4.5~5.1 千瓦时/平方米。这些地区包
括河北西北部、山西北部、内蒙古南部、宁夏南部、甘肃中部、青海东
部、西藏东南部和新疆南部等地。

三类地区为中国太阳能资源中等类型地区，年太阳辐射总量 5000~
5850 兆焦/平方米，相当于日辐射量 3.8~4.5 千瓦时/平方米。主要包括山
东、河南、河北东南部、山西南部、新疆北部、吉林、辽宁、云南、陕
西北部、甘肃东南部、广东南部、福建南部、苏北、皖北、台湾地区西
南部等地。

四类地区是中国太阳能资源较差地区，年太阳辐射总量 4200~5000 兆
焦/平方米，相当于日辐射量 3.2~3.8 千瓦时/平方米。这些地区包括湖南、
广西、江西、浙江、福建北部、广东北部、陕南、苏北，以及黑龙江、台
湾东北部等地。

五类地区主要包括四川、贵州，是中国太阳能资源最少的地区，年太
阳辐射总量 3350~4200 兆焦/平方米，相当于日辐射量 2.5~3.2 千瓦时/平
方米。

我国具有良好的利用太阳能的条件，一、二类太阳能资源丰富的地区
也是人口稀少的地区（陈勇）。太阳能最主要的利用包括太阳能光伏电池
和太阳能热利用两个方面。由于目前光伏发电成本远远高于常规发电，光
伏的应用主要靠政府的补贴加以推动。目前，大力推动光伏应用的主要是
德国、西班牙、日本、美国等发达国家，而中国由于受发展经济水平和政
府财力的限制，光伏的应用范围非常有限。相比之下，太阳能热水器的价
格相对比较低廉。包括安装费用，典型的一体太阳能热水器（Compact
Solar Water Heater）（一般有一个 2 平方米的集热器和 150 升的水箱）大约

3000~5000 元，热水系统的成本大约每平方米集热器 1500~2500 元。[①] 这种价格大约相当于电视、空调等家用电器的价格，比较容易被国内消费者的收入水平所承受。

太阳能热水器能够有效地节约化石能源，减少温室气体排放。每平方米太阳能热水器年均能源替代量为 150~180 千克标准煤，相当于 450~500 千瓦时的电能。太阳能热水器生命周期内能源效益高达 90% 以上。生产 1 台 2 平方米太阳能热水器的原始总能耗包括：基础设施 0.71 千克标准煤、包装材料 5.38 千克标准煤、原材料 186.13 千克标准煤、工艺能耗 18.3 千克标准煤、运输能耗 2.14 千克标准煤，合计 212.66 千克标准煤，1 年内就可收回产品生产所消耗的全部能源（罗振涛、霍志臣）。太阳能热水器的环境效益也非常可观，每平方米太阳能热水器每年可以减排 CO_2 332 千克、SO_2 3.96 千克、NO_2 1.98 千克、粉尘 3.06 千克，所减少的环境治理费用达 75 元，10 年寿命总环境效益 750 元/平方米（罗振涛、霍志臣）。

表 1-3   每平方米太阳能热水器的环境效益

	排放因子（千克/千克标准煤）	年排放量（千克）	年环境效益（元）	寿命期内总环境效益（元）
有害气体排放	—	—	—	—
SO_2	0.022	3.96	1.26	49.8
NO_2	0.01	1.98	2.0	3.96
粉尘	0.017	3.06	0.55	16.8
温室气体 CO_2	1.79	322	0.20	64.4
总效益			75.02	750.2

资料来源：罗振涛，霍志臣. 太阳能热水器节能减排效果显著 [J]. 太阳能，2007（11）.

三、中国太阳能热水器产业的发展

与世界其他国家以光伏发电为先并给予巨大的支持不同，中国太阳能产业走出了一条以太阳能光热利用为先导、企业自主发展的道路。无论从国内还是国际范围来看，长期以来，太阳能热利用的受政策重视的程度不够，甚至被称为 "The Forgotten Energy Source"（Shinnar & Citro）。然而在

---

① Country Report-China, Status of Solar Heating/Cooling and Solar Buildings-2012, http://www.iea-shc.org/country-report-china.

缺少政策支持的情况下，中国太阳能光热利用产业的规模居世界首位。

中国的家用太阳能热水器起步于 20 世纪 70 年代后期，产品经历了三代。20 世纪 70~80 年代主要是居民利用汽油桶、汽车油箱自制的闷晒式热水器，但这种热水器存在效率低、散热快、储水量少、冬季无法使用等缺点。20 世纪 80 年代初，在国家相关部门支持下，北京太阳能研究所开发了平板式太阳能热水器，到 1996 年之前，平板型热水器占到 70% 以上。1984 年，太阳能集热管进入大规模生产和商业化阶段，并直接催生了清华阳光、北京天普、山东皇明太阳能等我国首批太阳能企业（陈一言）。20 世纪 80 年代后期至 90 年代初开始研制高性能真空管集热器。北京市太阳能研究所相继在中国政府、UNDP 支持下，并与德国合作研制成功热管式真空管集热器，1996 年与德国 DASA 公司合资建立了热管式真空管集热器生产厂，实现了规模化生产，1998 年生产了 11 万只真空管。真空管是真空管太阳能热水器的核心部件。①

经过 30 多年的发展，中国太阳能热水器企业通过自主研发创造了一套完整的太阳能产品工业化生产体系。20 世纪 90 年代末，中国太阳能热水器的安装量和保有量已经具有很大的规模。1998 年，中国太阳能热水器的保有量已经达到 1500 万平方米，合计 10500 兆瓦时；1998 年当年的太阳能热水器产量 350 万平方米，合计 2450 兆瓦时。此后，中国太阳能热水器的产量一直保持比较平稳的高速增长势头，除 2004 年、2005 年和 2010 年外，其他年份的增长速度均在 20% 以上。1998~2010 年，中国太阳能热水器的年产量的年均增长速度达到 24.60%。2010 年，中国太阳能热水器的产量达到 4900 万平方米，合计 34300 兆瓦时。1998~2010 年，中国热水器保有量的年增长速度为 22.30%，2010 年中国太阳能热水器的保有量达到 16800 万平方米，合计 117600 兆瓦时。太阳能热水器占据了中国家用热水器的份额超过 40%，如表 1-4 所示。

表 1-4　中国太阳能热水器的年产量和保有量（1998~2010 年）

年份	产量		比上年增长（%）	保有量		比上年增长（%）
	百万平方米	兆瓦时		百万平方米	兆瓦时	
1998	3.5	2450	—	15	10500	—

① 《2008 年中国太阳能光伏发电产业分析及投资咨询报告〔EB/OL〕，中国投资咨询网，http://www.ocn.com.cn

年份	产量		比上年增长 (%)	保有量		比上年增长 (%)
	百万平方米	兆瓦时		百万平方米	兆瓦时	
1999	5.0	3500	42.86	20	14000	33.33
2000	6.4	4480	28.00	26	18200	30.00
2001	8.2	5740	28.13	32	22400	23.08
2002	10.0	7000	21.95	40	28000	25.00
2003	12.0	8400	20.00	50	35000	25.00
2004	13.5	9450	12.50	62	43400	24.00
2005	15.0	10500	11.11	75	52500	20.97
2006	18.0	12600	20.00	90	63000	20.00
2007	23.0	16100	27.78	108	75600	20.00
2008	31.0	21700	34.78	125	87500	15.74
2009	42.0	29400	35.48	145	101500	16.00
2010	49.0	34300	16.67	168	117600	15.86

资料来源：Shi Lishan，Luo Zhentao. Research Report on the Development of China's Solar Water Heater Industry（2006~2007）；IAR.［EB/OL］. 太阳能热水器行业分析报告完整版》中国制造网，2011-09.

中国大约有 2800 家光热产品制造商，大部分位于东部地区，50%的制造商又聚集于浙江、山东、江苏 3 个省份。2011 年，大约有 350 万人在光热产业就业，大部分是在太阳能热水器领域，该领域占到了光热产业比重的 90%。[①]

中国是世界太阳能热水器产量和应用量最大的国家。在 IEA 统计的世界 56 个国家和地区中（43 亿人，占世界的 61%），截至 2011 年末，太阳能热水器的安装容量达到 234.6 吉瓦时即 3.351 亿平方米，占到世界 95%的光热市场。其中，中国在运行中的总容量为 152.2 吉瓦时，占世界（56国）的 64.88%，欧盟 39.3 吉瓦时，占世界的 16.75%。但是中国太阳能热利用产业的技术路线与世界上其他国家存在显著差异。太阳能热水器的集热器介质可以分为水和空气，水集热器可以分为 Unglazed（无釉）、平板、真空管，空气集热器可分为无釉和釉面。从表 1-5 及图 1-2 可以看到，中

---

① Country Report-China，Status of Solar Heating/Cooling and Solar Buildings-2012，http://www.iea-shc.org/country-report-china.

国的太阳能热水器以真空管水集热器为主，占 93.20%，只有 6.80% 的是平板水集热器；而不包括中国在内的其他国家以平板水集热器和无釉水集热器主，分别占其安装量的 66.81% 和 26.09%。也就是说，中国太阳能热水器发展走的是不同于其他国家的技术路线，也不同于国内其他行业所走的"引进—消化吸收—落后—再引进"的怪圈，是一条真正的自主创新之路。目前，我国在太阳能热水器领域具有完整的产业链，技术也居于世界领先水平。

表 1-5　中国及世界太阳能热水器类型

国家	类型	水集热器			空气集热器		全部
		无釉	平板	真空管	无釉	釉面	
中国	安装面积（平方米）	—	14787370.00	202612630.00	—	—	217400000.0
	安装容量（兆瓦时）	—	10351.20	141828.80	—	—	152180.0
	比重（%）	—	6.80	93.20	—	—	—
合计	安装面积（平方米）	30709138.00	93424579.00	208760370.00	1568549.00	644885.00	335107521.0
	安装容量（兆瓦时）	21496.40	65397.20	146132.30	1098.00	451.40	234575.3
	比重（%）	9.16	27.88	62.30	0.47	0.19	—
合计（不包括中国）	安装面积（平方米）	30709138.00	78637209.00	6147740.00	1568549.00	644885.00	117707521.0
	安装容量（兆瓦时）	21496.40	55046.00	4303.50	1098.00	451.40	82395.3
	比重（%）	26.09	66.81	5.22	1.33	0.55	—

资料来源：Franz Mauthner, Werner Weiss. Solar Heat Worldwide: Markets and Contribution to the Energy Supply 2011, IEA Solar Heating & Cooling Programme, May 2013.

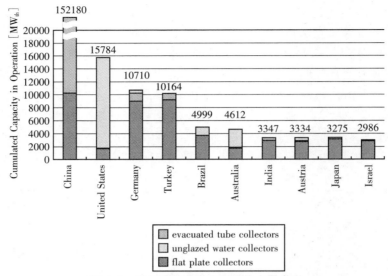

图1-2　世界主要国家太阳能热水器类型

资料来源：Franz Mauthner, Werner Weiss. Solar Heat Worldwide: Markets and Contribution to the Energy Supply 2011, IEA Solar Heating & Cooling Programme, May 2013.

第二节　商业生态系统与产业生态系统理论

在现代经济中，企业的生存和发展依赖于自身所处的商业生态系统，因此企业生态系统的竞争成为产业领先企业竞争的焦点。同样，产业的健康发展也离不开产业生态系统，因此产业生态系统成为决定一国产业国际竞争力强弱的重要因素。太阳能热水器产业的发展过程，是行业的先行者和领先企业不断打造商业生态系统并推动产业生态系统发展完善的过程。

一、商业生态系统理论

在产品的复杂程度低、市场规模小的前工业化时代，一家独立的企业尚能勉强依靠自身的力量实现产品的原料获取、生产到销售的全部过程。然而，经济发展的过程是市场规模不断扩大、生产的迂回程度不断提高的过程，而分工的作用是造成越来越迂回的生产方式，从而不断把先进的生产方式引入到生产过程中，带来生产率的大幅度提高，市场的范围也逐步扩展到全球范围（杨格）。随着分工的深化、迂回生产程度的提高，产品也变得越来越复杂，特别是一些产品已经发展成为综合程度高、包含的子系统（模块）多、涉及多种知识和技能、界面复杂的复杂产品系统（Complex Products and Systems，CoPS）（陈劲）。随着产品复杂程度的提高，一件产品往往由少则成百、多则上万的零部件构成。例如，一辆汽车大约由 3 万个零部件组成；世界上最大的飞机空客 A380 大约由 400 万个独立部件组成。产品在工艺与生产上需要各种相互独立的技术，即使以单一技术为基础的产品，其制造工艺也往往用到好几种技术（纳如拉）。此外，生产产品的设备（所谓迂回的生产方式）通常也是由其他产业提供的。因此，一个独立的企业已经很难完成一件产品生产的整个过程，而必须依赖其他企业和机构获得技术、原料、零部件、生产设备、研发和检测仪器等。20 世纪 80 年代以来，产业组织出现从垂直一体化向垂直分解转变的趋势，这是企业对日趋复杂环境的应对。企业的目标不是并且也无能力占据价值链的每一个环节，只能力图在一个或几个特定的价值链环节保持竞争优势、做到最好（李晓华）。在这种情形下，企业与其合作伙伴之间通过产品、技术、生产过程、服务等连接而成的、相互依赖的网络就显得愈加重要。

Moore 在《哈佛商业评论》发表的文章中最先提出"商业生态系统"的概念，他以自然界生态系统中各种关系来隐喻经济生活中各利益相关者的内在联系，将商业生态系统界定为"以组织和个人的相互作用为基础的经济联合体（见图 1-3），组织和个人是商业世界的有机体。这种经济联合体生产出对消费者有价值的产品和服务，消费者是生态系统的成员。有机体成员还包括供应商、主要的生产者、竞争者和其他风险承担者"（穆尔）。它们在一个商业生态系统中担当着不同的功能，各司其职，但又形成互赖、互依、共生的生态系统。Lansiti and Levien 指出，商业生态系统同生物生态系统一样，是由众多实体组成的一个大型的、松散连接的网络，企业以一种复杂的方式彼此相互作用，每一个企业的健康与绩效水平都取决于网络整体的健康与绩效状况。

我国的太阳能热水器产业走的是一条完全不同于西方发达国家的技术路线，没有现成的技术、设备、生产工艺、经验可供模仿。因此对于皇明

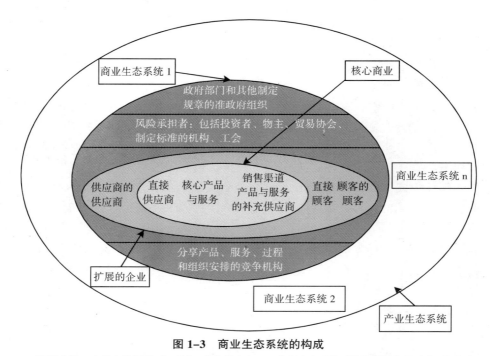

图 1-3 商业生态系统的构成

资料来源: 改编自詹姆斯·弗·穆尔. 竞争的衰亡——商业生态系统时代的领导与战略［M］. 北京: 北京出版社, 1999.

太阳能等产业的早期进入者来说, 必须尽快建立起自己的商业生态体系, 只有如此才能实现生存和发展并取得在竞争中的领先地位。太阳能热水器企业的商业生态系统主要包括: 原材料供应商 (如高硼硅玻璃、毛坯管的生产企业)、生产设备供应商、核心企业 (生产真空集热管、太阳能热水器整机)、经销商网络等。

二、产业生态系统理论

商业生态系统主要是从企业的角度——特别是核心企业的角度探讨如何创造价值、提高绩效, 但是在现实世界中的情况要复杂得多: 一是在同一个产业中往往有多个商业生态系统进行竞争, 并通过错综复杂的关系交织在一起; 二是影响商业生态系统的不仅包括企业和用户, 还包括政府、大学和科研机构、NGO 组织、基础设施乃至与国外各种参与主体之间的联系。因此, 由与产品的研发、生产与应用有关的大学、科研机构、原材料供应商、核心生产者、互补投入生产者、互补品生产者、中介组织、消费者等产业的各类参与者以及产业发展的支撑因素与外部环境等构成的产业赖以生存和发展的有机系统——产业生态系统也是企业发展所不可或缺的。从国家产业发展层面上来讲，各国在战略性新兴产业上的竞争实际上是产业生态系统的竞争。Fransman 对 ICT 生态系统的研究发现，产业生态系统特别是其在创新过程中的一些组成部分在不同国家和地区的表现差异是造成 ICT 产业发展水平差异的重要原因。

20 世纪 90 年代，我国太阳能热水器产业刚刚起步，属于新兴产业。而新兴产业具有不成熟、不完善的特征。一是技术不成熟。新兴产业的主导技术尚未确立，同时有多条技术路线相互竞争。二是市场规模小。新出现的产品虽然具有独特的价值，但是由于价格过高，只有少数领先用户（Lead User）会采用；同时，新产品的商业模式尚不明确，而用户的定位不清晰也限制了市场的扩展。在网络效应市场中，用户还会由于主导设计不明确、互补产品数量少而选择观望、等待。三是核心企业尚未形成。主导技术范式需要经历较长的时期才能确立，此后企业将主要在主导范式下进行创新，但同时还会有许多新范式取代主导范式的尝试，兼之较小的市场规模，没有企业能够确立市场的稳固地位。四是互补企业和产品数量少。由于新产业市场容量的有限性和不确定性，零部件企业、互补产品企业不愿进入。由于终端产品企业无法从市场获得所需的新种类或新品质的原材料，所以只能自己制造有关的设备和零部件，随着市场的逐步扩大，市场中将会衍生出更多的配套企业（斯蒂格勒），但仍然存在产业链各环节发展不同步的可能，产生对新兴产业发展的瓶颈制约。五是标准与监管体系不完善。由于主导设计不确定，统一的国际、国内标准尚在形成之中，政府有关部门也没有制定专门针对新兴产业的监管政策、市场准入政策与扶持政策。此外，服务于新兴产业的人才、中介机构、生产性服务机构、售后机构等也正在发展之中。例如，熟悉该产业领域的专门研发人才、管理人才与技术工人严重短缺。

如同生物群落是一个有机的整体一样，产业的健康发展也需要形成健康的生态系统。只有健康的产业生态系统才能支撑新兴技术、新兴商业模式和新兴企业的成长与变革，进而推动新兴产业的繁荣。因此，皇明太阳能等最先进入太阳能热水器行业的企业如果要发展，不仅要建立自己的商业生态系统，甚至要推动作为整个产业发展支撑的产业生态系统的建立，不仅承担着核心技术的创新、主导设计的确立、市场配套体系的构建、市场教育和启蒙等任务。同时，在缺少政府支持的环境中，还要承担行业标准的确立、专业化劳动力的培训、产业基础设施的建设等具有强"公共产品"性质的活动。事实上，皇明太阳能在企业发展中从事的产业启蒙、标准建设等活动，不仅推动了自身商业生态系统的形成和市场领先地位的确立，对我国太阳能热水器产业的产业生态系统完善也起到了重要的促进作用。

第三节　产业与企业协同发展的"皇明模式"

　　皇明太阳能是国内最早生产现代意义上的太阳能热水器的公司之一，从 1995 年建立后迅速成长为行业领军企业，在中国国际电子家电博览会揭晓的"2004 年中国市场家电品牌影响力 50 强排行榜"中位列第 12 位。由于长期以来国内太阳能热水器产业的政策支持乏力（直到近几年才有所改观），皇明太阳能在建立自身商业生态系统的同时也承担起建设产业生态系统的重任，实现了太阳能热水器产业与企业的协同发展，创造了太阳能产业发展的"皇明模式"。

一、皇明模式概述

　　20 世纪 90 年代初，我国太阳能热水器产业处于起步阶段，太阳能企业多是作坊式工厂，产品水平极其低端。对于现代化太阳能热水器，整个产业内无参照、外无引进，消费者对太阳能热水器的认知几乎为零、对太阳能热水器的价值（使用价值与社会价值）还不理解，政府对太阳能热水器的推广也没有大力的支持。皇明太阳能从几十位员工、几间租来的旧厂房和 100 万元债务起步，探索形成由三个循环系统的产业链路径构成的市场化来推动太阳能的"皇明模式"，在企业快速成长的同时，也带动了整个太阳能热水器产业的发展。

专栏 1-1

皇明太阳能的发展历程

第一个家 罗庄村，新源节能设备厂，两间平房四五个人，皇明太阳能第一台热水器在此诞生。

第二个家（1992~1993 年）德州地矿部研究所院内。在两座平房中间搭起的"棚子车间"。公司规模：10 多人，旺季时可达到 60~70人，可以公开做太阳能。

第三个家（1993 年下半年~1995 年初）德州看守所。公司规模：员工120 多人，产品被评为国内外"新产品样本"。

第四个家（1995 年初~1996 年底）车间是两个大仓库，每个仓库大约600 平方米，拥有了多台大型设备。公司规模：100 多人。

第五个家（1997 年 4 月~1999 年）天衢工业园内的皇明生产基地和办公楼，公司规模：200~300 人。开始了科普万里行，创办了第一份《太阳能科普报》，建了第一个科普房。

第六个家（1999~2001 年）"太平洋广场"办公楼，只是销售、财务、行政部门的搬迁，生产厂区固定在了天衢工业园院内。公司规模：1000 多人，2000 年技术部人员增到 40 多人。

第七个家（2001 年 6 月~2008 年 8 月）皇明文化大厦，将烂尾的商厦进行改造，做了保温墙，装上太阳能集体热水系统。公司规模：1000~5000 余人。

第八个家——中国太阳谷。

企业的价值链包括研发、生产、物流、营销等环节，皇明太阳能进一步将科普教育、产业启蒙、体验营销等内容整合入价值链，形成独具特色的"皇明模式"，包括"科普教育、产业启蒙、体验营销"→"市场建设、网络建设、品牌形象"→"利润"→"工业体系、能力建设"的过程。马克思将由商品到货币的过程称为"惊险的一跃"，认为如果不能实现这一跳跃，那么摔坏的将不是商品，而是商品生产者，"皇明模式"的前两个环节都是有关商品的货币价值实现。同时，这几个环节又相互作用，形成三个循环系统。

循环一——企业与市场之间"利润流"的反射效应。通过开展有关太阳能利用的科普活动教育用户、启动市场，用户在对产品和品牌认可后采取购买行动，企业获得利润。随着市场环境的改善与实力的增强，企业才有条件进一步加强自身能力建设，扩大规模、提高技术水平、完善工业体系。企业盈利增加、核心能力增强后并不是削弱市场的教育和开发，而是拿出利润中的相当一部分，进一步优化产业发展环境、支持相关公益活动、提升科普公关层次，主动承担更多市场启蒙的社会责任。此举既促进了整个太阳能热水器市场的快速发展，也对巩固皇明太阳能自身的品牌地位、增加企业利润起到了良好的作用。

　　循环二——企业与产业之间"同频体"的共振效应。市场的拓展、利润的增加支持了企业不断扩大再生产、不断创新完善太阳能热水器生产体系、提高生产能力和生产水平。在此过程中，企业不断完善生产、物流和服务体系，增强拓展市场、掌控市场、服务用户的能力。随着市场的扩大，更多的企业逐步进入，市场竞争区域激烈。皇明太阳能不是利用在位者优势，通过挑起价格战巩固市场地位，而是将不断变革提升经营体系、不断创新产品提高质量作为自己的竞争优势，从而有效地回避了价格战。

　　循环三——企业与环境之间"意识流"的蝴蝶效应。企业开辟出不断增长的太阳能市场，用户像雪球一样越滚越大。由此可解决大量社会就业问题、上缴国家大量税金，而且节约数量巨大的常规能源，减少巨量的污染物排放。它自动循环并不断放大的作用，就像蝴蝶效应一般。首先，企业和整个产业节能环保可以促进社会突出矛盾的解决，形成巨大的公众心理冲击，引起政府和社会高度关注与大力支持。其次，中国太阳能集热器总保有量已经达到7500万平方米，拥有4000万用户，直接受益人数约1.5亿。这些人不仅仅是太阳能企业的用户，更重要的是，在使用了太阳能产品后，其中绝大多数人直接转变为节能环保事业坚定的支持者、传播者和实践者。随着这股社会力量的日益强大，能源替代的呼声更加高涨，舆论氛围更加浓厚，太阳能企业与产业的发展环境也更加优越。

　　通过三个循环，既开辟了不断增长的太阳能市场，又加强了内部的工业体系、能力建设与品牌的塑造、销售网络的完善，从而促进整个行业与企业自身的可持续健康发展，如图1-4所示。

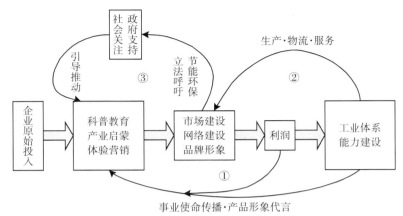

图 1-4 "皇明模式"中三个循环系统的产业链路径

资料来源：皇明太阳能股份有限公司网站。

二、产业启蒙

技术和市场是驱动新兴产业发展的两轮。Kim and Lee 通过对全球半导体产业中的 DRAM（动态随机存储器）发展历史的研究发现，在技术周期的早期，技术推动比需求拉动重要，但随着生命周期的演化重要性下降，需求拉动变得越来越重要。作为太阳能热水器产业的开拓者和领先企业，皇明太阳能将消费者的教育、培育作为推动产业和企业发展的重要内容，开创了用科普推动产业发展的模式。[1]

1996 年 12 月，我国第一家企业自办的太阳能科普报——《皇明太阳能科普报》问世，迄今累计发行约 3 亿份。1997 年，皇明太阳能启动"太阳能科普万里行"、"太阳能售后服务万里行"等活动，每年在全国各地数千个市、县、镇，举办数万场次集太阳能科普展示、销售、服务咨询于一体的绿色风暴活动。2001 年，皇明太阳能出资 1000 多万元与国家有关部门联合推出"绿色中国——百城环保大行动"，包括环保公益大赛、太阳能产品展示、环保宣言万人签名、太阳能科普展等多项活动。

皇明太阳能最大的产业启蒙项目是在太阳谷建立了综合性的教育培训设施，包括：①世界太阳能博物馆，它是世界首个太阳能博物馆，采用电

---

[1] 本部分参考了"中国太阳谷"网站（www.chinasolarvalley.com）的有关内容。

子沙盘、360 度影屏等先进科技生动展示了世界太阳能产业发展的历程，包括从早期"晒热水"的黑塑料水袋、黑木桶、涂黑了的空导弹壳到最先进的热水器，每年都有许多中小学生前来参观。它承载着皇明人的光荣与梦想，展示了太阳能科技与文化。②皇明品牌馆——全面展示了皇明太阳能的发展历史、企业文化、组织架构、"皇明模式"，以及太阳能与建筑结合、皇明 3G 太阳能热水机组、太阳谷等。③世界级可再生能源教育培训中心——通过摸索、研究、实践、总结太阳能行业的知识与经验，自主建立了三个节能建筑规划设计院。2010 年 5 月 26 日，中国首个节能建筑专业培训机构——太阳谷国际洁能建筑培训中心在中国太阳谷正式成立。同日，国际知名组织"可再生能源及能源效率伙伴关系计划（REEEP）"与太阳谷国际洁能建筑培训中心主办的"REEEP—太阳谷国际洁能建筑讲习班"正式开讲。世界可再生能源大学——世界首所可再生能源专业教育培训机构，是全球第一所也是唯一一所培养可再生能源技术人才的大、中专院校的可再生能源大学，可为太阳能及节能技术产业培养高级人才。④世界太阳城大会。2010 年 9 月，由皇明太阳能集团承办的第四届世界太阳城大会在山东省德州市中国太阳谷召开，有来自国内及美、日、英、德、澳、加、俄等 30 多个国家或地区的 2187 人参会。本届大会围绕"太阳能改变生活"的主题举办了一系列会议、论坛以及山东省节能减排新技术新产品展洽会签约仪式、项目推介和展览展示等丰富多彩的活动，形成并通过了指导今后国际太阳能城市运动发展的重要文件《德州宣言》。宣言指出，"以太阳能为代表的可再生能源开发利用是应对全球气候变化、实施传统能源替代战略、实现可持续发展的重要途径"、"太阳城是追求人与自然和谐共处，在最大限度地开发利用以太阳能为代表的可再生能源并达到能源总量较大比例的基础上，实现低碳、集约、循环、生态发展，实现社会—经济—自然复合生态系统动态平衡，环境优美、宜居宜业的人类聚居地"。提出共同致力于提高能源效率、发展可再生能源、实现低碳发展等领域，为实现"开展国际太阳城之间的合作，政、产、学、研各界的合作"这一世界太阳城协会的宗旨，共同承诺建立长期交流合作机制，建立互利互助合作关系，世界太阳城协会逐步吸收发展中国家的专家、学者及城市政府代表作为合作伙伴。世界太阳城大会的举办不但进一步宣传了太阳能利用对经济、社会、环境等各方面的有利影响，而且扩大了皇明太阳能的影响力。

　　总之，皇明太阳能的产业启蒙活动推动了中国太阳能市场的发展，催生了一个蓬勃发展的太阳能热利用产业，同时在此过程中也探索出"皇明模式"，推动了企业自身品牌的建立和发展。

三、能力发展

在 20 世纪 90 年代，太阳能热水器行业是一个全新的行业，没有经验可供借鉴，没有现成的产业基础可以利用。作为一个新兴产业，技术创新无疑是推动产业发展的最主要的动力，只有实现技术的突破和产业化之后，市场的拉动才能与技术一起形成合力，从而推动产业的良性发展。作为市场的早期开拓者，皇明太阳能责无旁贷地承担起产业技术创新的重任，自诞生之日起就把对核心技术的掌握作为首要的目标。

皇明太阳能在太阳能热水器领域的技术创新分为颠覆式创新与增量式创新（和/或微创新），前者是能够对行业发展起到根本性变化的技术创新，后者是改进和改良性创新。在颠覆式创新方面，皇明太阳能设计并制造出我国乃至世界上第一条全机械化、模具化、规范化的太阳能热水器生产线；研发出"三高"干涉镀膜技术，将真空管的吸收比提高到 96%，并利用该技术制造出可以冬天洗澡的太阳能热水器；2000 年与澳大利亚悉尼大学章其初博士合作研制并生产出新一代"三高"真空管。在增量式创新方面，皇明太阳能集团与山东大学共同研制开发了阳台式热水器；在太阳能行业首次提出了太阳能原配一体的概念，所有管路配件都针对太阳能主机的户外工作环境进行设计、制造、检测，并带有明显的企业标识，有效提高了产品的质量；根据消费者需求打造大规格热水器，主动放弃小规格产品。

皇明太阳能的技术创新不仅局限在太阳能热水器领域，还向光伏、太阳能热发电领域拓展，例如，皇明太阳能研发制造出"龙光 1 号"中空 BIPV（建筑一体化光伏组件），使光伏电池组件大规模应用于现代建筑成为可能（韩丹）。皇明太阳能在 2001 年就自行开发太阳能光热发电技术，2004 年皇明中科院联合实验室在北京通州区完成我国首次采用碟式太阳能聚光技术进行的太阳能热发电。目前，皇明太阳能已经能够自行生产定日镜、菲涅尔式镀膜钢管、槽式镀膜钢管、槽式聚光器等光热发电所需的核心部件，是国内唯一一家可以批量生产高温发电真空管的企业，也将是全球第三家完全掌控高温发电真空管自主知识产权的企业。

皇明太阳能除利用自身资源开展技术创新外，还承担了太阳能集热器快速检测技术研究、太阳能高温碟式发电等国家"863 计划"与"火炬计划"项目，与澳大利亚悉尼大学、国家海洋局、北京科技大学、东南大学、山东大学等国内外高校、科研机构进行技术合作。截至 2013 年 7 月，皇明太阳能及集团下属公司亿家能太阳能、创始人黄鸣共拥有各项专利共818 件，其中，发明专利 87 件，实用新型专利 349 件，外观设计专利 382件，而太阳能热利用行业专利数排名第二的力诺瑞特，其发明专利、实用新型专利和外观专利分别为 41 件、191 件和 45 件，皇明太阳能在专利数量方面领先于其他竞争对手，如表 1-6 所示。

表 1-6　我国主要太阳能热水器企业专利拥有情况

申请（专利权）人	发明专利	实用新型专利	外观设计专利
皇明太阳能	69	192	150
黄鸣	11	140	205
亿家能太阳能	7	17	27
力诺瑞特	41	191	45
桑夏太阳能	21	33	19
天普太阳能	16	32	7
清华阳光	15	101	4
日出东方	6	12	22
太阳雨	4	22	6
四季沐歌	5	24	14
桑乐太阳能	11	85	14
辉煌太阳能	10	57	11
华扬太阳能	5	119	11
同济阳光	2	17	4

资料来源：国家知识产权局专利检索系统，http://www.sipo.gov.cn/zljs/.

　　作为行业的领军企业，皇明太阳能在自身的发展过程中产生出不可忽视的正外部性，有力地促进了整个太阳能热水器产业的完善和其他太阳能整机企业的发展。皇明太阳能在德州的发展壮大，带动了产业上下游配套企业在其周边的聚集，使太阳能热水器产业的产业公地（Industrial Commons）在德州逐步形成。哈佛大学商学院教授加里·皮萨诺（Gary Pisano）和威利·史（Willy Shih）将产业公司看作支持创新的共同的 R&D、工程和制造能力，包括先进材料、工具、生产设备、零部件在内的为产业服务的一系列企业。他们认为，产业公司对一个国家或地区获得持久的产业竞争力非常重要，一旦产业公司在某地区生根，正循环反馈机制就会促进该地区产业的成长，因为那里有工作和知识的网络，专家们会向那里汇集，企业为了利用丰富的智力资源、跟上前沿发展、靠近供应商和潜在的客户，也同样会如此。萨克森宁在研究美国硅谷时发现，硅谷早期（20世纪60年代）的工程师大都出身于仙童公司，即使30年后在"祖父辈"和"儿孙辈"中仍能看得到这种错综复杂的准家族联系。这种家族联系能够迅速组织起人力、财力和技术力量投入到新兴行业中去，并且维护着生产厂商之间无处不在的广泛合作和信息共享。这种社会关系网和专业人员网还是有效的求职招聘网，加速了硅谷内的人员流动以及随之而来的知识交流。在人员的频繁流动中，工程师之间的友谊通常能够保持下来，这会加强相互之间的信任感。竞争需要不断创新，而创新反过来又需要公司间的合作，"硅谷悖论"的解决恰恰是基于硅谷的社会和专业网络的支撑（萨克森宁）。如同仙童公司是硅谷的蒲公英一样，皇明太阳能也成为德州乃至全国太阳能热水器产业的"黄埔军校"，为产业培养、输送了大批人才。目前，在德州围绕皇明、亿家能、中立、奇威特等龙头企业，已经汇聚了太阳能原材料、配件、辅件生产以及包装、运输等相关企业120余家，发展形成了涵盖门类众多、配套完整的产业链体系和太阳能产业聚集区，被工业和信息化部、科技部分别批准德州设立国家新型工业化（太阳能光热应用装备）产业示范基地和国家火炬计划新能源特色产业基地，2013年太阳能产业的销售收入有望突破500亿元。①

四、标准建设

产业的健康发展需要有完善的产业生态系统作为支撑，然而新兴产业由于发展时间短、技术不成熟、市场规模小、配套企业少，其产业生态系统往往不完善。解决产业生态系统的完善问题，一方面需要政府的支持，另一方面也需要企业（特别是领先企业）的共同努力。我国太阳能热利用产业在发展的前期得到政府的支持很少，直到现在政府的支持也很有限，或者虽然出台有关支持政策，但政策的可操作性差、执行不力。因此，我

---

① 德州市开发利用太阳能的实践及启示［EB/OL］.工业和信息化部网站，http://www.miit.gov.cn，2012-02-12.

国太阳能热水器产业基本是依靠市场、企业的力量发展起来的。行业领先企业在建立自身商业生态系统的同时，也不得不承担起具有正外部性的产业生态系统建设的重任，包括市场的教育、上下游企业的培育、标准规范的建立等。作为行业领先者的皇明太阳能自然也承担起许多产业生态建设的责任。例如，皇明太阳能花费了大量的精力，围绕从原材料、配件到设备、销售的整个体系制定标准，关于太阳能热水器的标准文件，国家标准不到 20 部，国际标准不到 50 部，而皇明企业标准有 350 多部。皇明太阳能主持或参与了《全玻璃真空太阳集热器》、《家用太阳能热水系统主要部件选材通用技术条件》、《民用建筑太阳能热水系统应用规范》、《太阳能集中热水系统选用与安装》等 10 多部太阳能光热行业国家标准的制定工作。皇明太阳能建立了高水平的检测技术中心，从 1997 年成立至今，已发展成拥有从原材料、配件到整机的 1000 余项检测项目、18 个实验室的国家级实验室。2009 年 1 月，皇明太阳能检测技术中心通过了中国合格评定国家认可委员会（CNAS）的认可，其出具的检测报告与国家专业检测机构出具的报告具有同样效力，并得到美国、英国、澳大利亚、德国、日本等 45 个主要贸易国家的承认。

皇明太阳能建设蔚来城被许多人看作不务正业，是一场冒险的游戏，但是从黄鸣本人的初衷来说，这也是一次推进太阳能与建筑相结合、扩大太阳能热水器应用市场的一次勇敢尝试。皇明太阳能进军房地产行业的官方诱因有两个：

一是房地产开发商的强势地位。1999 年，黄鸣与深圳万科房地产公司的 1 位经理进行了关于太阳能热水器应用于房地产项目的探讨，但是万科提出选用皇明产品需要等楼盘全部售完的 3 年后，且没有任何使用问题后才能为皇明结款，这是企业的资金链难以承受的。此后向房地产开发商推销太阳能产品也屡屡碰壁。在与主流房地产商合作的模式失败后，皇明太阳能决定自己建房子，探索太阳能与建筑一体化的结合之路。黄鸣说："我们做房地产，是被逼无奈，是在曲线救国，为的是卖产品。"（潘虹秀）皇明太阳能先后成立了北京好瑞思建筑节能有限公司（与荷兰公司合作）和山东皇明太阳能房地产有限公司，专门负责房地产的运作。最初是利用员工宿舍楼做试验，建了第一批太阳能建筑一体化的楼盘。德州蔚来城项目则是皇明太阳能进行太阳能与建筑结合的更大胆的尝试。蔚来城全方位采用太阳能利用、节能环保技术，包括太阳能热水系统、土壤源热泵空调

系统、太阳能+土壤源热泵空调系统、温屏双层双镀银高效节能玻璃、20~
25厘米厚高效保温墙、太阳能游泳池、太阳能光伏系统、智能遮阳系统、
光电雕塑、照明系统、自然通风系统、中水处理、雨洪收集、垃圾处理、
同层排水人车分流、湿地景观、三水入户等，利用可再生能源、太阳能解
决日常生活用热水、部分建筑供暖、照明。作为太阳谷标志建筑的日月潭
"微排"大厦是目前世界最大的太阳能建筑，全球首创性地实现了太阳能
热水供应、采暖、制冷、光伏发电等技术与建筑的完美结合，节能效率
88%，是太阳能综合利用技术与建筑节能技术结合的典范工程。

二是基本全面退出农村市场。皇明太阳能曾把市场战略定位于"农村
包围城市"，黄鸣在2009年以全国人大代表的身份呼吁将太阳能热水器纳
入"家电下乡"之列（王赵宾）。但是他们后来发现，在太阳能热水器
中标家电下乡的产品中，有很多存在严重质量问题。与低端产品竞争农
村市场，必须降低价格，而降低价格加上售后成本可能意味着利润完全
丧失。因此，本着保证产品质量、为消费者负责的态度，决定暂时退出
"家电下乡"。

第四节 对皇明太阳能发展的再思考

尽管皇明太阳能自1995年创立至今不仅取得了自身发展的巨大成功，
而且对推动我国太阳能热水器产业的发展和节能减排做出了重要贡献。国
际金融危机后，皇明太阳能遇到成长的"瓶颈"。2008年，皇明太阳能出
让28%股份接受高盛和鼎辉6.753亿元注资，手握近6亿元现金，以
10.67亿元的净资产傲视同侪。但是到2010年，皇明太阳能股份有限公司
的主营业务收入已经低于日出东方，当年日出东方主营业务收入24.99亿
元，净利润1.26亿元，太阳能热水器销售171.76万台；而皇明太阳能热
水器的销售只有86.83万台，已经丢掉曾长期占据的行业第一的位置（李
清宇）。皇明太阳能前期的成功经验是否需要进行调整和改进，这是值得
我们思考的地方。

第一，企业是否过多地承担了社会责任？"皇明模式"的成功之处就
在于企业承担了产业启蒙、标准建设等具有正外部性的工作。产业领先企

业通过自己的努力能够在一定程度上修复产业生态系统的缺陷，但是如果产业生态系统的短板过多，单凭一个或少数几个企业的力量是很难修复的。皇明太阳能承办第四届世界太阳城大会发挥了很好的社会效益，但同时由于承担了过重的本应由政府承担的职能，反而拖累了企业自身的发展。整个国际太阳城大会除了德州当地政府补贴的6000多万元外，都是由皇明太阳能自己筹资。太阳城大会闭幕后，其主会场"太阳谷"内大多数建筑设施处于闲置、半闲置状态，太阳谷会展中心、太阳能博物馆、"光立方"展馆利用率严重不足，太阳谷微排国际酒店也处于亏损状态。巨大的投入不能产生重组的现金流和利润，使企业背上沉重的负担。黄鸣自己就坦承，"2010年下半年至2011年上半年是皇明最危险的时期。"

第二，如何看待企业的多元化？除蔚来城房地产项目、太阳谷旅游项目和微排国际酒店等，皇明太阳能目前已进入了太阳能光伏、太阳能光热发电、温屏节能玻璃、美盾节能门窗以及好瑞思建筑节能服务等多个领域。总体上看，蔚来城房地产业务、微排国际酒店是太阳能与建筑有机结合的探索，太阳谷旅游是太阳能利用与节能的普及教育，太阳能光热发电是太阳能热水器核心技术能力的进一步提升与发展，温屏玻璃、节能门窗、建筑节能服务等业务也都围绕可再生能源利用和节能这一"绿色"主题，是太阳能热水器这一核心业务的补充或拓展。但是受企业资金实力、管理能力等各方面的约束，多元化业务投入过大、走得过远，则有可能使太阳能热水器业务的发展受到影响。比如，建设蔚来城的初衷是在太阳能与建筑结构的一体化、高层建筑太阳能应用、建筑太阳能采暖和制冷等多方面进行探索，但是多期蔚来城项目在德州的建设及其在其他城市的复制不但偏离了这一初衷，也使太阳能热水器主业的投入受到影响。

第三，全价值链聚集于德州是否有利于企业的长远发展？皇明太阳能热水器的运营总部、研发中心、生产基地都聚集于山东省德州市，而德州是一个没有机场、港口且火车站仅为二级站的三线城市。一般而言，价值链各环节对生产要素的需求存在较大差异，因此每个环节都有自己的最优区位。例如，新产品的研究和开发活动通常需要大量受过高等教育、具有专业技术和首创精神的科技人员，高效的信息获取渠道，良好的信息交流传递环境，以及获取资金的便利途径等；而生产技术比较稳定的产品的加工装配环节则需要大量的普通工人。由于不同国家、不同地区所具有的生产要素不同，其区位优势主要表现为某一特定环节的优势，因此企业可以根据需要将价值链的不同环节安排在不同的国家和地区。例如，研发活动常常被安置在发达的大都市、大学和研究机构密集区，而加工装配活动常常被安置在乡镇、发展中国家等劳动力资源丰富且工资较低的区域。全价值链在德州聚集的有利之处是能够获得地方政府的大力支持，价值链各环节间的交流比较通畅，其不利之处在于难以最有效地利用各个城市的优势，发挥出企业的最大潜能。例如，德州对高层次人才缺乏吸引力，不但难以吸引高级管理、研发人才，而且部分已经培养出的高端人才外流至省会和地理条件更为优越的东部沿海城市；德州不是旅游中心，对游客缺乏足够的吸引力，太阳谷的太阳能旅游、教育、展示、会议等功能无法最大限度地发挥出来。

第二章 企业家精神与企业文化

在一个新创企业的发展初期，通常是在个体企业家或创业团队的企业家精神的主导下完成准备期和启动期的发展。随着企业逐渐扩张到一定程度后，需要向制度化管理转变，然而当企业的规模继续扩大并进入到多样化阶段后，则需要重新把自己当作一个以企业家精神为主导的公司（弗莱姆兹，1998）。这种动态交织的状态也一直伴随着企业持续成长的过程。因而，在一定程度上可以说企业家是一个企业的灵魂，他们通常在企业的发展历程中占据着独特的地位，特别是在特定的情境中，企业家精神在企业的转折点中具有重要的作用。例如，战略选择或者创新模式变革，以及组织结构调整等关系到企业发展全局的关键活动。同样，企业文化也是推动企业持续成长的重要因素之一。虽然关于企业文化是否在企业成立之初就存在目前还有一定的争议，但不可忽视的是企业文化的主要源泉来自于企业家的个人精神和价值理念的外化，直接决定着企业核心价值观的塑造，并推动着企业的组织创新、管理创新、价值创新等活动。

皇明太阳能是中国太阳能热水器产业的引领者和创新者，而黄鸣又是皇明太阳能的创始人。作为一个企业家，黄鸣以其个人所具有的创业和创新精神塑造出了独特的皇明文化，引导皇明太阳能的持续成长，并有力支撑着皇明太阳能完成了第一阶段的创业发展和第二阶段的创新发展，对中国太阳能热利用产业的发展做出了重要的贡献。

第一节 黄鸣与皇明文化

长期积淀的、深厚的企业文化是皇明太阳能取得成功的关键之因素之一。如果将企业文化看作皇明太阳能持续发展的重要支柱，那么黄鸣个人所具备的企业家精神则是塑造皇明太阳能企业文化的灵魂所在。正是在黄鸣个人的企业家精神带领下，不断为皇明太阳能指引发展的思路，灌输发展的理念，促使皇明人通过不懈地拼搏实现自我蜕变与成长，迎来了如今的辉煌发展。

一、皇明文化的内涵

皇明太阳能是中国太阳能热水器产业的领导企业。皇明太阳能的成功不是一个单一因素就能起到绝对作用的，而是综合因素共同作用的结果。如果要挖掘出皇明太阳能成功要素的核心，则必须从更深层次上探索出皇明太阳能自身所具备的异质性特质，即需要认识什么是皇明太阳能最核心的竞争力，及其如何支持企业实现可持续发展？通常情况下，一个企业的核心竞争力通常可以归纳为两个组成部分——硬实力和软实力。所谓硬实力一般是指企业所具有的实体性，可见性的资源因素集合，例如，厂房、技术、产品等资产。虽然硬实力对企业很重要，但是在现今的社会中，完全依靠硬实力还不能完全支撑企业的持续发展。很多企业在发展中，也更加强调对于软实力的提升，认为企业核心竞争力来自于"偷不来、带不走、学不来、仿不去"的企业文化。

企业文化是一个企业自身拥有的，涉及经营哲学、伦理道德、精神风尚、价值观念等意识形态方面的综合形态。企业文化一般是企业在长期的发展历程中逐步积累、提炼出来的，并且已经得到全体员工所认同，是其他组织难以模仿的。由于企业文化能影响处于企业范围内所有员工的行为模式，为此企业文化也可被看作是一种情境管理模式，即当一个组织拥有更强的文化氛围时，则能够更好地和更高效地整合组织内不同层次主体的价值、信念和行为模式，以获得更优的组织绩效。皇明太阳能的独特企业文化塑造在很大程度上来源于两部分：一部分来自作为企业创始人的黄鸣个人价值观理念、管理理念和经营理念的综合表现；另一部分来自全体员工和各级主管在长期工作中智力和激情的凝聚，并在此基础上，形成了皇明太阳能自有的文化纲领，并引导企业的发展方向。为了将企业文化落地，成为能影响皇明人的一种软实力，在皇明内部也通过一系列的载体（例如《皇明人》报、《太阳能科普》报、《皇明促销季刊》、《皇明文艺》，以及创办企业网站和皇明电视台等）承载相关理念的沟通、文化的传播等重要任务，并形成了一套以"追求和谐的完美"为核心理念的独特而完整的企业文化体系，对增强企业的凝聚力、提高企业生产率发挥了重要作用，如图2-1所示。

核心理念 VVMF

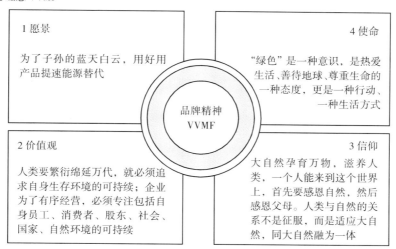

图2-1 皇明的核心理念框架

资料来源：皇明太阳能内部资料。

核心价值观是企业文化的重要因素之一。在深挖皇明太阳能核心价值观过程中的一个重要环节是正确认识并提炼出符合企业持续发展要求的核心价值观。一个企业的核心价值观不是特定的某一个员工或企业家个人意志的外化表现，而是来自于企业内所有成员的价值观集体展示。因此，企业所提炼出来的核心价值观必须是其长期文化沉淀的精华，是在企业内得到广大员工所共同认同的核心价值观，并能落实到具体的管理工作中。在皇明太阳能的发展历程中，对企业核心价值观的认识也经历了从模糊到清晰的渐进过程。如今的皇明太阳能已经能够清晰地提出了企业核心价值观：六相宜，十相谐。所谓"六相宜"是指企业、消费者、股东、员工、协作商和社会和谐适应；所谓"十相谐"是指企业与自然、企业与社会、企业与同业、企业的局部与整体、企业的长期与短期利益、企业理想与现实、企业文化与传统文化、企业文化与世界文化、企业与发达地区市场理念、企业与员工之间（含新员工与老员工）之间和谐统一。

皇明太阳能的企业核心价值观不仅体现了企业发展的理念，而且也关注了企业与外部环境的和谐发展。在企业核心价值理念的引导下，皇明太阳能已经形成了自身所具有的独特企业文化，以文化立品牌，实现了从企业文化到文化企业的转变。皇明太阳能通过对自身发展和社会需求的认识，逐渐探索、总结出皇明太阳能企业文化的核心理念——VVFM（愿景Vision、价值观Value、信仰Faith、使命Mission)，并将其明确写进《皇明宪章》中。

（一）皇明的愿景：打造中国第一个世界高端品牌，世界新能源第一品牌，引导全人类进入绿色生活时代

在传统的企业理论中，关于企业发展主要是关注企业"有什么，是什么"，更多是强调企业拥有的资源、能力等要素，而忽略了企业"做什么，不做什么"的重要性。企业愿景则是帮助企业了解自己，在文化里明确指明未来的行动导向的关键所在。特别是做企业，不能完全地从经营来考虑发展，仅仅瞄准市场、利益、客户等，还应该将其作为一项事业来做。皇明太阳能所追求的不仅仅是相关主体的利益，以及做一个和谐完美、顺天应时、关爱贫弱、具有高度责任感的企业，还是一个以推动新能源发展为最高战略目标的企业。在皇明太阳能的企业愿景中，也将自己看作是中国绿色新能源的倡导者、发起者和推动者。这种理念被进一步落实在企业的发展思路中，皇明太阳能认为自己的责任是致力于绿色能源的开发和替代，引导全人类进入绿色生活时代。

皇明太阳能发展理念的形成，在很大程度上与作为企业灵魂的创始人黄鸣存在极大的关联。作为恢复高考后的第一届大学生，黄鸣考取了华东石油学院的石油矿场机械专业，毕业后被分配到地矿系统工作。在之后10多年的工作期间，他一直在找油。然而在工作中，黄鸣逐渐形成了一个思考："油找到得越多越快，这个行业'死'得越快，留给子孙的欠账也更多。"在女儿出生后，黄鸣开始考虑到孩子未来的生存环境，对能源危机的忧患也进一步加深，并由此开启了寻找新能源替代的新途径。1987年因偶然机会，黄鸣读到一本由美国人 J.A.达菲和 W.A.贝克曼著的《太阳能—热能转换过程》，开始学习研究并爱上了太阳能。黄鸣自己也谈道："一开始是想让德州人用上太阳能，之后就想让全省、全国用上太阳能。"正是在这种理想和信念的支撑下，黄鸣开始了太阳能利用事业。在以后的企业发展历程中，作为企业创始人——黄鸣个人的创业愿景逐渐渗入到皇

明太阳能的企业文化中，最终形成了皇明太阳能的企业愿景。

（二）皇明的价值观：专注可持续

可持续发展的核心思想在于实现自然、企业与社会、局部与整体以及同行之间的和谐发展以及要素之间的协同互动，包括企业员工、消费者、股东、社会、国家、自然环境的可持续。企业的持续发展来自于与员工、社会和环境之间的和谐共处，企业不能成为索取者，而应成为贡献者，尽可能在满足社会、环境需求的基础上，完成自身价值的实现和利润创造。

在皇明太阳能的发展历程中，"责任"一直是比较关键的两个字。皇明太阳能的责任不仅在于将企业做好，吸纳就业，而且还在于为国家、社会创造价值，更在于创造一个绿色的发展环境。作为一个负责任的企业，皇明太阳能一直将可持续发展的思想贯穿在企业生产、经营和发展之中，提出皇明太阳能的价值观是追求自身生存环境的可持续，同时与其他企业形成共赢、和谐和共存的关系。这种价值理念的形成在一定程度上也受到了企业创始人黄鸣个人思想理念的影响，是其个人价值观在更大程度、更大范围上展现的一个结果。黄鸣自己也曾经提道，"企业家的境界是一点点提升起来的。刚刚做企业的时候就是为了孩子、为了家，说到底是为自己找一个更加光明的发展前途。不知不觉做成行业老大后就开始为行业做代言，在行业峰会上我就提出'欲做行业品牌，必先做品牌行业'。后来当选为全国人大代表，角色要求自己必须站在全国的角度看问题，考虑中国人是怎么样的，走出国门就考虑中国的形象、中国的竞争力、中华民族基本利益的大问题了"。就是这种源于企业家个体的发展思想，逐渐影响到企业的发展思路，并将其实践化。

（三）皇明的信仰：崇天爱人，敬畏真理

信仰是一切经济活动的基础！为什么要从事这项事业，是一个企业必须回答的问题。企业只有具有了信仰，才会一直坚持，才能实现持续发展。信仰的问题，不仅是一种超越普通认识的意识，而且还能引导企业未来发展的方向。皇明太阳能一直崇尚在追求利润最大化的同时，绝对不以破坏其他因素为代价，即在与其他相关主体和谐共荣的条件下实现自身价值和追求合理利润的最大化。

皇明人将自己的事业看作是人类最高尚的事业之一，提出要致力于研

究、营造、居住和推广节能环保房屋，反对浪费能源排放污染，企业是为了营造全社会公民的绿色家园；凡是不认同企业价值观、不讲信义与公正、不团结协作、不学习创新都是企业所不能容忍的；始终坚持高标准，勇于否定过去，勇于超越自我，不断改进以求创新，永远追求更高的目标，构建"完美的产品和服务，完美的体系和文化，完美的行为和修养，完美的人生观与完美的和谐境界"。作为企业创始人的黄鸣也将企业能实现持续发展的一个重要因素归结于在企业内部塑造了有利于皇明持续发展的信仰。他认为，"我想是信仰，对太阳能的这种执着与热爱，有了信仰的人和团体总是能创造奇迹，因为信仰的力量是无穷的"。正是揣着这种信仰，黄鸣开始了自己的创业之路，引导一群人去干一番事业，共同奋斗，创造出独特的"皇明文化"。

（四）皇明的使命：为了子孙的蓝天白云，实现全球能源替代

企业的目标可大可小，从小处说可以是为了获得经济利润，实现企业家个人家庭的温饱和生活满足；从大处说，企业的使命可以与国家、社会联系在一起，担负起更多的社会责任。皇明太阳能的使命不仅是做大做强一个企业，更是做一项事业，其中最为核心的思想是成为一个以"绿色能源强盛中国"为己任的民族企业，一个给员工和全人类带来绿色家园和绿色高品质生活的企业。同时，从企业经营目标来说，皇明太阳能也希望发展成为世界上可再生能源解决方案的最大供应商和服务商，打造一个永续发展的百年老字号。

皇明太阳能在成立之初就给自己设定了一个相对较高的企业使命，让自己成为推动中国太阳能事业发展的引领者和探路者。在皇明太阳能的发展初期，当时社会上与太阳能相关的知识几乎是零认知。皇明太阳能认为，自己的主要任务之一就是普及太阳能知识，为社会、公众提供绿色环保知识，并在其中也实现了培育市场和培育客户的工作。为此，皇明太阳能启动了"全国太阳能科普车队万里行活动"，行程已经达8000多万公里，发放了9000多万份《太阳能科普报》，逐个城市进行宣传，建立了10000多个营销网点，为太阳能行业在全国范围内进行了一次市场启蒙运动。

（五）从"想梦"到"圆梦"

黄鸣对皇明太阳能的企业文化有一个形象的表述，他将之概括为"想

梦→创梦→说梦→共梦→做梦→分梦→统梦→扩梦→圆梦"的过程。

想梦，就是要思考企业的梦想是什么，为什么要有这么一个梦想，这个梦想要做到什么程度？创梦，就是要把想出的梦想具体化。比如说皇明开始是为了子孙的蓝天白云，后面这个梦是让全世界都用上太阳能，能够有这么一个品牌，让一亿户家庭享用太阳能，但实现"蓝天白云"梦想会涉及很多东西，一家企业不可能完成。说梦，是要把自己的梦想传达出去，让外界（包括政府、用户等）能够接受。黄鸣本人当选为国际太阳能学会副主席、世界太阳城大会在德州太阳谷召开都是通过说梦而让梦想被认可的体现。共梦，就是让员工、家人、经销商、合作者认同这一梦想，能够为了共同的梦想而努力。如果这个梦想大家都认可了，也就成了企业的价值观、企业文化的重要组成部分。做梦，就是实实在在地干，与员工、商业生态的成员一起将梦想付诸实施。分梦，就是将企业的梦想与员工个人的梦想联合在一起，必须将企业梦想分解成每个个体的梦想，确定他的追求、目标，比如做热管研发的要做全球热管研发专家，做制造的不断实现质量的超越。只有把企业的梦想转化为员工的梦想，才能够形成对员工的充分激励。统梦，就是在大家梦想一致的基础上齐心协力。扩梦，就是把梦想、事业扩展到全世界。前面八个梦都做好了，也就能够圆了最初的梦想。黄鸣提出的梦想框架是与皇明太阳能的核心理念高度一致的。

二、皇明文化的发展历程

企业文化是一个不断演进的过程。对于初创企业来说，虽然企业文化最初萌芽于创始人的愿景、价值观、使命和信仰，但是随着企业的发展壮大、产业环境和竞争环境的变化、企业战略的调整，创始人的思想也会发生调整；新员工的进入会为企业文化注入新的内容与活力；企业发展过程中的具体事件又会使企业文化从抽象变得具象。唯一不变的就是变化，企业文化在保持其核心稳定的同时，只有随着企业的发展不断调整、具有时代特色才能够保持活力，才能成为企业发展的动力而不是阻碍因素。

作为太阳能热利用这一新兴产业的开拓者、探索者和引领者，皇明太阳能的企业文化经历了不断沉淀、丰富、具象的过程，推动了皇明太阳能完成了一系列的自我转型，从崇天爱人、敬畏真理的信仰到打造中国第一个世界高端品牌，世界新能源第一品牌，引导全人类进入绿色生活时代的愿景；从追求可持续的核心价值观到为了子孙的蓝天白云，实现全球能源替代的使命；从先好用后好卖的营销理念到对内自信对外可信的品牌理念；从 CSP 内部市场链到 CSP 外部市场链的闭环式管理；从完全创新木桶理论到皇明三循环模式的太阳能工业体系。正是经历了这些年以来长期的文化精神提炼和沉淀，皇明太阳能的企业文化已经成为企业发展的重要支撑和"精神支柱"。按照皇明人自己的认识，企业文化建设可以分为"五部曲"，如图 2-2 所示。

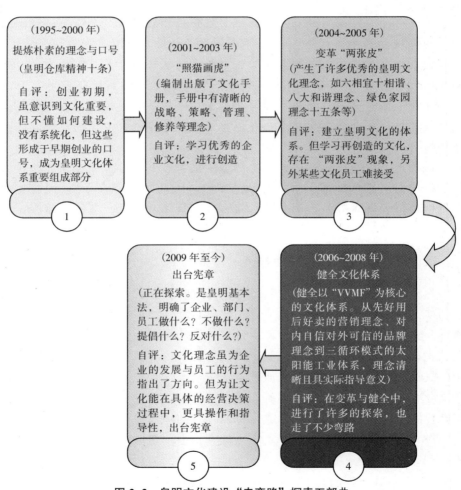

图 2-2　皇明文化建设"走弯路"探索五部曲

资料来源：皇明太阳能内部资料。

（一）皇明创业期（1995~2000 年）

在皇明太阳能开始创立时，黄鸣已经认识到企业文化对一个企业成长和发展的重要性，并在具体工作中尝试打造企业文化的雏形，但是并没有在组织内部实行系统化构建。对于一个新创企业来说，首要任务也是在激烈的市场竞争中寻求立足之地。在此阶段，皇明太阳能的经营活动重点是努力去发掘市场机会和扩大市场份额，完成企业成长的第一步。在皇明太阳能的发展初期，黄鸣提出员工必须统一思想，为做成一个产业而齐心合力。这种思想也影响了皇明太阳能以后的发展理念和思想，即做好企业，开拓市场，寻找销路等。因而，在皇明初期的文化体系建设中，主要还是围绕着企业内的生产运营活动而展开的，主要方式和手段是通过提炼出朴素的口号，形成精练的文字来升华员工精神，增加员工士气来推动企业发展。虽然从文化塑造整体形式来说，这些活动还显得比较简单，但它们构成了皇明太阳能企业文化体系建设不可或缺的重要组成部分。

专栏 2-1

建材仓库精神十条

"一粥一饭当思来之不易，一丝一缕恒念物力维艰"。从一穷二白到第一品牌，绝无一步登天的云梯。皇明成就绝不是广告打出来的，而是一点一滴长年累月干出来的。我们回忆刚起步时的那种精神，就是要重温创业累、竞争累、发展累，珍惜今天之一切来之不易。生于忧患，切记我们仍在薄冰之上。我们前方的路还很长。

皇明建材仓库精神：相信你有无限的潜能。

皇明建材仓库精神：进了皇明门就传皇明魂。

皇明建材仓库精神：有激情一切有可能。

皇明建材仓库精神：创新无处不在。

皇明建材仓库精神：做工不作秀。

皇明建材仓库精神：面对艰难困苦不折腰。

皇明建材仓库精神：岗位有分别工作无界限。

皇明建材仓库精神：执行无折扣。

> 皇明建材仓库精神：消费者是定盘的星。
>
> 皇明建材仓库精神：珍惜公司的每一分钱。

（二）皇明成长期（2001~2003 年）

当皇明太阳能经历了创业初期的发展之后，开始进入成长期。在这个阶段，皇明太阳能已经开始在市场中站稳脚跟，并实现了较为快速地成长。在此期间，因为发展思路的差异导致企业内部存在不同的发展观念和意识，致使原有的发展战略受到了很大的挑战，企业内部也因为信念的不同而面临困难。作为企业创始人的黄鸣开始将企业发展的重点由外部市场转向企业内部，进行企业文化的塑造和整合，希望通过这种文化梳理和统一来推动企业的稳步发展，并在此基础上进一步提炼出企业的核心精神。随后，皇明太阳能通过对外学习来引入一些优秀企业的先进做法。同时，也利用编制和出版文化手册来明晰战略、策略、管理、修养等理念，并在企业内部开展自评工作。通过这些基础性活动的开展，企业内部不同层次的人员开始逐渐重视企业文化在发展中的重要性，并塑造出统一的文化信念。

（三）皇明成熟期（2004~2005 年）

在以皇明太阳能为首的诸多太阳能企业的群体带动下，我国的太阳能热水器产业开始进入稳步发展期。由于市场份额的扩大，皇明太阳能逐渐向一个成熟企业转型，企业规模也处于快速扩张的阶段。为了支持扩张，皇明太阳能开始引入新鲜血液，招聘更多的新人进入企业内部。随后，皇明也经历着中国民营企业通病导致的发展阵痛，从领导层到员工层面产生了更多的新发展思路，出现一些与企业发展思想不同的杂音。这个问题看似简单，但是如果得不到很好的处理，轻则会使企业误入歧途，重则会让企业从此走向衰败。作为创始人的黄鸣提出：学习优秀的企业文化，进行再创造；在企业内部，统一所有人的思想，塑造皇明的核心价值观；凡是能认同这种理念的就留下，无法适应的就离开。通过这次的"壮士断腕"，皇明太阳能主动和被动地清理和淘汰了1000 多名业绩不好、不认同的高、中、基层干部，企业员工也由近5000 人降到3600 人，销售骨干从大区经理到中心经理几乎换了一个遍。然而 2005~2006 年的企业销售收入同比增长近 1 倍，利润增长了好几倍（黄鸣）。在这两年期间，皇明内部产生了许多优秀的皇明文化理念，如"六相宜、十相谐"、"八大和谐理念"、"绿色家园理念十五条"等。

（四）皇明的二次创业（2006~2008 年）

二次创业是相对一次创业而言的一个全新的发展时期。在这个阶段，皇明太阳能开始总结第一段发展历程中的成功和失败因素，寻找重塑自我的发展出路。黄鸣自己也通过思考，从系统理论向实践的感知来推动自身角色的转变，形成了较为系统的思想，并将其转化为实践工作。在这个阶段，皇明太阳能的主要工作是完成转型，基于企业的技术创新和战略变革来推动持续发展。同时，皇明还不断地通过修正工作来健全前期已经构建的文化体系，提出了以"VVMF"为核心的新文化体系。"先好用，后好卖"的营销理念、"对内自信，对外可信"的品牌理念、"三循环模式"的太阳能工业体系都是在这个时间段提出和建立的。

（五）皇明的自我升华（2009 年至今）

在这个阶段，皇明太阳能开始了以自我升华为目的的发展。其中最为典型的代表就是在学习《华为基本法》的基础上，出台了自己的宪章——《皇明宪章》，明确了企业、部门、员工做什么？不做什么？提倡什么？反对什么？为企业的发展与员工的行为指出了方向，也帮助皇明进一步树立了在太阳能产业的领导地位。

专栏 2-2

《皇明宪章》纲要

第 1 条，我们的信仰：感恩自然，敬畏真理

感恩自然孕育了我们人类的同时，认识到人与自然不是征服与被征服的关系，而是和谐相处。违背自然规律或真理的行为，都必将付出沉重的代价。

第 2 条，我们的愿景：为了子孙的蓝天白云，用好用产品实践和

实现可再生能源对常规能源的替代

目前环境恶化、气候变暖和能源危机已经制约世界的发展。为了子孙的蓝天白云，我们走到了一起，我们倡导保护环境，节约能源；反对破坏自然，从自然界中无限度地攫取资源；我们绝不为眼前利益而从事非绿色、非环保产业。

第3条，我们的价值观：专注可持续

我们倡导客户、员工、经销商、公司股东、相关利益方、国家的利益和环境的可持续。在可持续的价值体系下，我们提倡企业与自然、企业与社会、企业与同业、企业的局部与整体、企业的长期与短期利益、企业理想与现实、企业文化与传统文化、企业文化与世界文化、企业与先进的市场理念、企业与员工之间和谐统一；反对一切不可持续的思想和行为。

随着文化浮躁、道德滑坡等问题的日益突出，新兴太阳能行业不可避免地出现混乱局面，充斥了不少劣质产品，充斥了太多"只管好卖，不管好用"的杂音与无奈。作为行业领导品牌，我们不能受其影响，并在这个行业中挑起一杆旗帜，带头维护行业的声誉，维护消费者的利益，坚持好用原则，带头使行业可持续。

第4条，我们的使命：倡导绿色生活，营造绿色家园

我们坚持运用绿色能源和技术为客户和员工，进而为整个社会建造绿色节能家园，建设绿色新能源社区，用好用产品实践和实现可再生能源对常规能源的替代！

第5条（企业文化）

人人生而平等，我们提倡民主决策，反对对人性和尊严的蔑视和轻视。但道不同不相为谋，在选才育才用人上，我们坚持企业文化认同和公平、公开、公正原则，反对强权，反对独裁。

我们维护每个人最基本的言论权，鼓励通过正常、规范的渠道提建议甚至争论，反对制造、传播影响公司可持续发展随便的、不负责任的言论。

第6条（企业精神）

我们始终传承"建材仓库精神"，恪守"四日精神"；德国人的严谨、日本人的执着，皇明的超越目标，是保证我们可持续，保证我们

做高质量好用产品的最基本的企业精神。

第7条（团队建设）

我们提倡以人为本，坚信"人之初性本善"，每个员工都有无限的潜能，用"你是最棒的！"激发员工自主奋斗精神。一方面"人之初，性本善"，我们要用强烈的责任与使命意识，培养员工良好的职业道德与敬业、集体主义等精神；但另一面"人之初，性本惰"、"人之初性本贪"，我们也要用考核、竞争、淘汰、奖勤罚懒等体系限制员工的惰性和贪欲，防止他往下走。并通过高标准、严要求促进、拓展员工发展的空间，最终实现"尊重人、培养人、成就人"，带动整个团队的积极向上，成为"英雄团队"成长的基因。

第8条（利益）

我们主张企业、消费者、股东、员工、协作商和社会与国家的利益一致，保证经销商和利益相关体的可持续。我们鼓励员工可持续发展，只有他们可持续发展了，企业才能基业长青。

第9条（品牌）

我们提倡诚信经营，等价交换，做"对外可信对内自信"的品牌，反对一切不诚信的行为与承诺。"三情两意识"（人之常情、感恩之情、热爱之情和忧患与责任意识）既是皇明品牌的个性，更是皇明事业发展的原动力。

第10条（技术研发）

我们坚持自主创新，以用户需求为导向，从品质中要效益、要未来，从可持续中要发展；洞悉市场潜在需求，引导市场潮流，是我们研发的根本。用产品质量、服务、功能等不断地创新，支撑起一个可持续的系统工程，这是我们企业唯一的生存和发展之道。

第11条（经营管理）

坚持先好用后好卖，反对为了好卖放弃好用，放弃诚信；与同行一起"种西瓜"，不打价格战，不恶性竞争。为消费者的权益，为企业生存计，为行业发展计，我们唯有坚定地走价值营销的品牌之路。

在管理中，提倡以结果为导向的管理，注重过程控制，坚决执行"PDCA"闭环式管理；积极推行SOP标准作业流程、制衡机制、绩效考核机制；积极探索监事会、部长联席会议、轮值内阁三位一体的民主决策机制。

第 12 条 （生产）

我们坚持物以稀为贵，用智慧换取用户的舒心，努力满足用户的稀缺，为用户提供高品质的产品和有保障的服务。坚守质量的底线，拒绝劣质，拒绝隐患；反对为了产量放弃质量，放弃检测。

第 13 条 （学习型组织）

学习是人的第一需要，也是不断前进的动力。我们强调"带着问题学习，学以致用；从问题中学习，用以致学"。同时我们强调学习的自觉性，排斥太强的功利思想，把学习当成一种生活情趣，要有自己的兴趣，休闲学习与专业学习劳逸结合，相得益彰。

组织学习重在交流和沟通。我们提倡通过互相传达、影响、碰撞、融合、强化，以此达成信息和知识的共享，增强团队的能力。

第 14 条 （国际化）

做世界太阳能领导品牌，将"皇明国内模式"复制到海外去。

第 15 条 （社会责任）

我们努力实践"社会责任八条"即为用户添快乐；为员工谋福利；为社会创财富，为弱者造温暖；为行业立标杆；为国家争光彩；为人类保环境、节资源；为民族传文化，为子孙留精神；为股东赢利润。

我们讲究国事商事家事一回事，在"产业报国"进一步大展宏图的同时，积极承担"理念兴国"的社会责任。

皇明太阳能在企业文化的发展过程中，探索总结出文化建设的理论支点——5W。

第一个 W，是 Why （为什么）？——皇明人为什么会聚集到一起？是为了子孙的蓝天白云。

第二个 W，是 What to do （做什么）？——皇明太阳能致力于能源替代，倡导绿色生活，营造绿色家园。

第三个 W，是 For whom （为谁）？——皇明太阳能是为子孙后代，也为自己，为消费者，为合作伙伴，为社会……

第四个 W，是 By whom （靠谁）？——首先要靠皇明人自己干一番事业，需要取得别人的支持。但最先应该想到自己，忘掉了自己就意味着忘掉了自己的价值，这是最不人性化的。当皇明人要干伟大事业的时候，忘记了自己员工的巨大潜力，忘掉皇明人向上、向善的热情，是不行的。

第五个 W，是 What is the most important（什么是最重要的）？——可持续是最重要的，这是做一切事情的标准，皇明人的生活是否可持续，上班是否可持续？公司的生产和经营是否可持续，产品质量是否可持续？……最重要的是皇明太阳能的产品能否让消费者可持续？

第二节　企业家精神引导下的皇明成长

企业家精神是蕴含在企业家个体内部，涉及组织建立、经营管理企业等综合才能特征的外显。广义上的企业家精神主要是指企业家这个特殊群体所具有的共同特征，特别是他们所具有的独特的个人素质、价值取向以及思维模式的抽象表达。作为企业内一种重要而又特殊的无形生产要素，企业家精神也是个体企业家在从事运营、生产活动时所具有的典型特征，能推动企业从产品创新到技术创新、市场创新、组织模式创新等工作的顺利开展。

从中国改革开放的历程来看，一大批以民营企业家为代表的企业创始人抓住市场机遇，建立和发展企业，获得了很大的成功。虽然这些企业创始人的生长环境、成长背景和创业机缘等方面各不相同，但他们的共性是在条件不成熟和外部环境不明晰的情况下，在创业精神的引导下，踏踏实实地做出了一件件不一般的事情，完成了理性和非理性逻辑结构的一种自我超越。从黄鸣个人的成长经历和皇明太阳能的发展历程来看，两者又存在完全的交汇融合。

一、个人思索成就创业梦想

皇明太阳能是以其创始人黄鸣名字谐音命名的企业，皇明太阳能的创立在很大程度上又是源于黄鸣个人对未来能源危机的思索。黄鸣毕业于石油专业，读大学时第一堂专业课上教授讲的一句话——"全世界的石油只够用 50 年，而中国的时间更短，因为中国是一个贫油国家"让黄鸣记忆深刻。虽然在毕业后，黄鸣顺理成章地成为一名石油勘探人，并数次获国家科技进步奖，但是作为石油人的黄鸣一直保持着危机感，思索着一个问题"世界石油工业只有20年的好光景，石油没了怎么办，下代及后辈的能源问题怎么解决？如果任由有限的生物能源继续大量消耗、污染物和废物继续排放，虽然能满足当代一些人的现实需求，但是今后的下一代将如何生存？"当时的黄鸣认为，人们应该强烈地向社会呼吁：节约能源、节约资源，为我们的子孙后代留下一片蓝天白云。在黄鸣的眼中，石油是燃料、是能源，更是重要的原材料、战略资源、国家资产。在今后的国家工业化发展进程中，能源"瓶颈"的约束会导致整个国家面对高成本壁垒，能源危机也将成为影响国家经济命脉的核心问题之一。现在的现实情况是，世界范围内的石油问题不仅是能源问题，也是一个关系到经济、政治和国家竞争战略的综合性问题，关乎一个国家的未来生存和发展。这样看来，黄鸣的思索在当时应该是超前的，并在今天的社会中得到了验证：全球性能源危机和因温室气体排放造成的全球变暖已经成为世界各国不得不面对的现实问题，大力发展低碳经济、利用可再生能源已经是大势所趋。

随着气候变暖受到越来越多的关注以及碳税和排放权交易等减排政策的广泛采用和实施，向低碳技术、低碳产业转型将成为决定国家产业竞争力的关键。低碳意味着成本优势、符合用户需求，具有更强的市场竞争力。那些能够以更低的排放强度生产产品和提供服务的国家能创造更高的附加值，并获得更高的利润，因为假设至少有一个碳排放的隐含价格，它们就会享有更低的生产成本（The Climate Institute and E3G，2009）。同时，为了减少温室气体的排放，人类社会必须转变建立在高强度碳排放基础上的发展模式而转向低碳的发展模式。随着世界各国对低碳技术、基础设施及产业的巨额投入，在需求和供给的相互作用及协同演进下催生出新的产业，并将逐步成长为经济的支柱产业，这些产业包括低碳技术的研发产业、低碳能源产业、碳汇产业、碳捕获与封存产业、传统产业的低碳化、低碳设备产业、低碳服务产业、低碳金融产业等。目前，这些产业已经形成非常可观的规模。

如何去寻找新的可再生能源来对传统的化石能源进行替代，一直萦绕在黄鸣心头。当他接触到《太阳能—热能转换过程》一书后，解开了心中挥之不去的困惑，认识到当石油、煤炭等自然资源开始枯竭时，太阳能作为一种取之不尽、用之不竭而且绿色环保能源的重要性。在认识到太阳能能够实现自己的梦想和其中蕴含的巨大商机后，1995 年，时任地矿部山东德州石油钻井研究所技术装备室副主任、高级工程师的黄鸣，放弃了稳定的工作，借债做起了太阳能热水器。放弃传统意义上为很多人羡慕的"铁饭碗"，直接进入一个完全竞争的市场、从市场中寻求生路，这在当时的确是一个不小的举动。然而，黄鸣创业的初衷是觉得太阳是一个好东西，可再生、可持续、环保、家庭运营成本低，想让更多的人用上它，尽可能地改变人们的能源消费观。先是在自己家里装，用得好又想让亲戚装，后来想让整个国家的家庭都用它（黄鸣）。可以说，正是因为黄鸣的这种社会责任感，让他去思索市场中可能出现的商机，进而以市场利益和社会需求为导向而开展创业，在成就个人梦想的同时，也实现了社会利益。

二、因势而成的发展历程

在太阳能热水器产业发展的初期，由于市场接受程度低、产业规模小、产业集中度低，大量企业在低水平进行无序竞争，整个产业处于非常混乱的状态。如何获得市场认同、在众多企业中脱颖而出是一个有理想的企业家必须要考虑的现实问题。黄鸣认为，做企业最根本的就是应势而上，同时一定要造势。所谓势，就是要符合全社会的渴望，一定要正确认识到社会热点关注的问题，其也是企业最大的商机。然而对于"势"的认识，不能仅仅做到借势，还需要提前预判到可能存在"势"，更为主要的是成为造势者，即一个潮流的引领者和一个产业的发起者，从而可能掌握市场竞争的主动权。

在 1995 年的创业初期，黄鸣就已经清醒地认识到，"我们这个产品很不幸，没有像家电、汽车那样可以引进大规模的生产体系和系统集成，所有的技术似一片荒漠，国内也没有参照，所以创业初期我们就开始完全创新"。当时的太阳能市场在中国还是一个不为大部分国人所认识的新兴产业，可以说只是一个近乎概念的产业，市场认知非常缺乏。只有当这个概念能为国人所认识并接受之后，才可能在此基础上培养出规模足够大的市场，进而带动太阳能热水器生产企业的发展和成长。当黄鸣前瞻性地认识到消费者的觉悟与接受度对太阳能热水器产业的发展至关重要后，皇明太阳能没有大规模宣传企业自身，而是将工作的重心落实到太阳能技术和应用的推广上，创新出独特的科普型产业普及教育方式。

为此，皇明太阳能提出以科普造势，形成一条"商业与环境的和谐之路"的"皇明模式"，实现了环境与市场、产业之间的共赢。在"皇明模式"中有三个关键循环。循环一：企业与市场，体现了"利润流"的反射效应，企业依靠科普启蒙市场，而市场的快速成长又反哺企业，二者相互促进；循环二：企业与产业，体现了"同频体"的共振效应；循环三：企业与环境，体现了"经营管理方式"的扩散效应。同时，皇明太阳能也立足于创新，实现从基础理论到市场开拓，从工程技术到检测设备，从产业链配置到分销模式的一系列转变。通过这种造势活动，在客户的心理认知上自然而然地将皇明太阳能看作是太阳能热水器产业的领头羊，至此皇明太阳能的品牌塑造工作圆满完成。

三、二次创业

皇明太阳能成立的初衷是以发展太阳能来缓解常规能源的压力，为国家的社会经济发展注入新的动力和活力。黄鸣自己也曾经提道："在现有的历史条件下，可再生能源的建设是必需的，各国也是非常重视的，投入了相当规模的财力、物力，然而国际上可再生能源的发展却难以令人乐观。"太阳能产业最大的问题是：虽然经历了几次发展的高峰，但至今仍然未能形成真正的规模化发展，依然是一个相对独立的产业，并且大部分太阳能企业还立足于传统的光热模式来进行，未能形成多产业协同发展，导致企业陷入低成本、低技术化的低水平发展形态，难以产生规模经济效益。

对黄鸣来说，如何让皇明太阳能在日益竞争激烈的市场环境中寻求新的发展机遇是企业经营活动中必须思考的现实问题。对此，黄鸣认为必须从两点考虑：首先是进一步完善企业内部创新活动，开始向太阳能产业的技术服务提供转变；其次是通过实现跨产业协同，将太阳能产业与其他产业结合起来，寻求其中可能存在的价值增值点，完成规模化扩张发展，实现皇明太阳能的二次创业。第二点既是目前黄鸣现在正在思考的，也是皇明所采取的"曲线救国"的商业模式。黄鸣自己也将跨产业协同发展看作是带动太阳能产业发展的"曲线救国"战略，并将其作为一种情非得已的选择。在具体协同产业的选择上，皇明选择了房地产，即通过发展绿色房地产而进一步向市场推广太阳能概念。黄鸣自己将"曲线救国"理解为，通过进入房地产行业，不仅可以塑造企业品牌，同时还可以节省大量广告费，为皇明产品技术的国际化奠定了良好基础。同样，黄鸣对自己的判断是，"其实跟修公路能带动汽车销售的道理是一样的，但是政府不可能为了太阳能产品销售而兴建太阳能建筑，只好企业自己去做"，"我搞太阳能房地产，搞建筑设计，搞节能玻璃，实际上都是围绕太阳能展开的。就像下围棋，这里点一个子，那里点一个子，不经意就串成了一条大龙"。现在的皇明太阳能已经开始为了产业协同进行前期布局，例如，中国太阳谷、蔚来城等太阳能房地产样板项目。其中还蕴藏着一个较为新颖的商业模式：如果用户采用皇明太阳能产品，就可以获得免费的节能和生态建筑设计。通过这种跨产业的协同渗透，如今的皇明太阳能已经开始逐渐做到了多产业协同发展。例如，将太阳能技术嫁接到城市建设项目，让社会更多地认知和充分享受并体会绿色技术产品，把太阳能及其他节能产品放进去，最终达成销售目的。

四、黄鸣个人角色的自我转型

随着新创企业发展到一定的规模，需要实现从以企业家精神为主导的企业向专业化管理的企业转变（弗莱姆兹）。作为一个企业家，在企业发展的初期很可能是出于个人创业激情，或者来自于经济利益的驱动。当企业发展到了一定的阶段，此时企业家不能仅仅考虑到个体、企业的发展，而且还要考虑社会、环境等的整体利益，此时，企业家也需要实现自我的角色转型，以适应企业持续发展的需要。

在新的发展阶段，企业家不仅需要制定相应的战略决策来引导战略实施，而且还要在组织活动中通过承担战略决策的职责来实现对企业资源配置的直接操作活动。企业战略活动也依赖于企业家对于产业发展愿景判断的战略意图，此时的企业家会通过关注企业内部整体管理系统的有效运行以间接的方式对全部管理过程进行掌控。企业战略活动在企业的组织活动过程中会经历不同的阶段，其中的活动情境也会发生动态变化。同时，由于管理的幅度、目标、成本等条件的约束会导致企业家在具体管理活动中会扮演不同的角色，为此，他们需要随时进行自我调整以便有效地与组织活动实现有效匹配。对他们而言，只有认识到具体组织情境下的活动状态特征，才能明白自己该做什么，以何种身份参与到其中，并更有效地处理好组织活动。然而实际活动中的很多企业家却经常忽略了这一点的重要性，导致其对自身在战略活动中的角色定位并不明晰而影响到管理效率，甚至在有些时候会有负向影响，进而影响到组织活动的顺畅进行。因而，关于企业家角色转型的问题在实践活动中的重要性就凸显出来。

在皇明的发展历程中，作为企业家的黄鸣也开始认识到自己需要根据企业发展历程的不同阶段来实现自身角色的转变。转变之一是从直接参与企业具体活动执行的总经理向重点关注企业战略制定的董事长转变，为此皇明太阳能 1999 年以来先后引进几十位职业经理人。转变之二是从只关注皇明太阳能自身发展向关注整个太阳能产业的健康发展与积极承担社会责任转变。黄鸣认为，企业家除了作为一个经营者之外，还是一个"社会人"，必须尽社会责任。黄鸣以全国人大代表的身份成为《中华人民共和国可再生能源法》（以下简称《可再生能源法》）的主要提案人，极力推动能源的可持续利用，促进经济社会的可持续发展。黄鸣作为太阳能科普的推广者，发动"科普宣传万里行活动"和"百城环保行活动"，有力地启蒙了中国太阳能市场，催生了一个富有强劲竞争力和巨大潜力的太阳能产业。黄鸣还积极推动"新能源·新农村工程"，以履行自己和企业的社会责任。这种角色的成功转型从更为根本的角度来说，是源于黄鸣作为一个社会公众人物的自我认知，即通过对社会活动的观察和分析，黄鸣清楚地认识到自己在社会环境中所处的状态，并根据自己敏锐的判断而做出及时、合适的反应决策。

第三节　软实力建设推动下的企业持续发展

从资源观来看，企业资源分为硬件和软件。前者指企业内的设备、厂房、资本、人员等，是企业竞争力的硬件或硬实力；后者是组织模式、行为规范、信誉、品牌意识、服务理念、技术与管理创新能力等软实力要素。虽然后者是看不见和摸不着的，但却是影响企业竞争力的关键所在。在经济全球化的背景下，基于企业文化的企业软实力在参与国际竞争方面具有重要的作用和意义，是企业内部优秀企业文化所构成的凝聚力。只有企业内部有了凝聚力，企业文化才能获得全体员工的接受和认同，并将个体价值与企业价值融合起来而推动企业的持续发展。

2004 年，皇明太阳能成为"中国百佳企业文化建设先进单位"，并在文化建设中强化了"反思"精神，反思总结和提高，提纯优秀的文化，摒弃团队亚文化。如今，文化考核与部门绩效挂钩，文化与案例结合的具有皇明特色的文化建设新模式已经在皇明开花结果。在新的历史阶段中，皇明太阳能通过不断树立价值观，使员工价值观与企业价值观保持高度一致，自发地接受、认同并内化为自身的价值观。同时，通过推动塑造企业文化来推动凝聚力、创新机制和效率以实施软实力建设，进一步强化了企业的信誉、品牌和市场控制力提高竞争力。此外，皇明还结合自身实际把企业使命和愿景具体化，使之转化为具体行动，履行社会责任，实现与社会共赢。

一、实现持续发展的根本源泉

企业文化像黏合剂，使皇明人成为一个整体。从董事长到数千位员工，从高级工程师到市场销售人员，都可以看到皇明人始终具有蓬勃朝气、锐意进取的精神，在创造产品品牌的同时，也在打造具有皇明太阳能印记的企业文化。皇明文化不仅是一种重要的无形生产力，而且在很大程度上左右着企业的经营与发展。皇明太阳能内部也特别注重推行文化考核与部门绩效挂钩、文化与案例结合。这种模式既是皇明文化建设的新思路新理念，同时也为集团统一价值观、强化执行力奠定了坚实的思想基础，实现了执行文化与文化执行并行。

然而需要认识的是，在任何一个时间或一个阶段，企业发展的环境都在发生变化。要使皇明文化在新的时代具有新的生命力，就必须在企业内部树立正确的价值观。企业软实力是一个由价值观到创造价值的实践过程，需要不断地动态调整和演化。从市场形态来看，企业魅力往往体现在能够为客户提供、创造价值，由此支撑了企业存在的价值。一个企业价值观的层次，既反映了企业整体文化理念的高低，也反映了队伍战斗力的强弱。作为企业内全体员工信奉的信念，价值观能引领企业进行所有的经营活动。在皇明太阳能的持续发展历程中，黄鸣个人始终保持着自强不息和艰苦奋斗的传统，并将科学态度贯彻到一切决策和执行的过程中，将企业发展目标变成全体员工的集体行动，从而激发每位员工的敬业精神，让每位员工产生推动力，充分利用每个员工的力量来推动企业发展，形成对企业、社会和国家的高度责任感。

价值观是企业生存的基础，也是企业追求成功的精神动力。黄鸣认为，企业最基本的责任是自身的成长，通过自身的成长为社会创造财富，增加社会福利，改进消费者的生存状态和生活状态。企业更进一步的责任则是通过自身的努力，改变人们的行为方式，为企业、社会和人类的可持续发展做贡献。可以说，正是皇明太阳能和黄鸣出于对中国能源现状的关注以及对未来可持续发展的强烈责任感，才成就了今天的皇明太阳能。皇明太阳能对可再生能源的关注和忧虑，使它马不停蹄地为中国可再生能源"鼓与呼"，最终不仅推动了企业发展，也推动了中国可再生能源事业的健康发展。此外，皇明太阳能还一直倡导客户、员工、经销商、公司股东、相关利益方、国家的利益和环境的可持续。在可持续的价值体系下实现企业与自然、企业与社会、企业与同业、企业的局部与整体、企业的长期与短期利益、企业理想与现实、企业文化与传统文化、企业文化与世界文化、企业与先进的市场理念、企业与员工之间和谐统一，这在皇明的全国售后服务万里行、太阳能绿色慈善事业等工作的开展中得到了充分的体现。

二、贯彻核心价值观的制度保障

企业核心价值观的塑造必须依靠企业自身的凝聚力量，依靠员工。尤其是需要注重企业信念的培养，同时转变员工的观念，将企业价值观转化为员工的认知与认同，最终落实在员工的一言一行之中，从而打造充满生机与活力的企业文化。在皇明的创业发展中，始终以完善文化体系建设为主导工作，做到文化与制度、行为必须紧密结合，杜绝"两张皮"的现象。在皇明太阳能的后续创新发展历程中，一直都将企业的核心价值观看作是企业的生命线，以儒家文化的"诚仁"风范引导企业成长，赢得了较高的社会声誉。皇明太阳能的企业文化也使员工行为从他律、强律走向自律，从而使皇明太阳能的组织管理进入"文化管人、管住魂"的最高境界。

制度建设既是企业基础管理工作的重点，也是管理的难点。制度建设受组织文化影响，这是因为大部分制度都分散在组织内各个职能部门内并分别展开，企业内所长期形成的文化受到制度的影响。从企业整体角度来看，规章制度的集合是一个内在有机联系的系统。为了让企业文化落地生根，以推动皇明太阳能的可持续发展，作为企业创始人的黄鸣在企业内部倡导以制度为保障而打造核心价值观。通过运用制度和文化的双重约束，皇明太阳能建立了"三机制两原则"等系列机制并进行团队建设，让员工在团队成长的同时提升个人价值。同时，皇明太阳能还培养自由的文化氛围，让员工将企业当作是自己的事业基础。在工作中做到各部门权责分明，不能互相重叠，更不能互相牵扯，防止组织分工管理中的互相扯皮，以实现提高工作效率。在构建的新文化体系的条件下，黄鸣自己也在思考企业的实际运营建设流程、制度、战略定位、战略取舍等文化导向。为使文化建设真正落地，产生效果，皇明通过在企业内推广使用考核、检查等制度方式来推进文化融入。考虑到制度具有时效性，因为规章制度在一定时间段内是有效的。随着外部环境变化和企业的不断发展，规章制度有时候会滞后，甚至会阻碍企业的发展，皇明由此开始了一系列的制度创新活动，主要表现在对规章制度进行及时修订或更新。

第三章　企业战略演进

作为太阳能热水器行业的早期探索者，皇明太阳能根据中国的市场环境创造性地提出企业、行业、消费者与国家实现多赢的"皇明模式"，并通过致力于自主创新塑造自身核心竞争力，探索出一条有中国特色的太阳能热水器产业化模式，实现了行业领导者的持续领先。

第一节　产业环境与皇明公司战略

企业生存发展的关键，在于时刻保持自身核心竞争力与动态变化中的行业关键成功要素相匹配。在行业发展的不同阶段，行业关键成功要素会因产业环境的变化而变化，而行业领导者的角色则更加复杂，因为行业领导者的战略不仅受产业环境的影响，反过来也会影响产业环境。作为中国乃至世界太阳能产业的领军企业，皇明太阳能的建立是"中国太阳能产业元年"的标志。作为这个行业前景巨大的领导者，皇明太阳能一方面承担着开拓太阳能市场的任务，另一方面也承受着来自产业环境瞬息万变的压力。如何在完善自身发展的同时推动整个产业的发展是贯穿于皇明太阳能成长过程中不可回避的问题，也是皇明太阳能始终保持行业领导者地位的关键。

皇明太阳能的成长过程造就了"皇明模式"这一成功的太阳能热水器市场运作模式。在皇明模式中，有三个关键的循环：①企业与市场之间"利润流"的反射效应——市场依靠科普越做越大，太阳能的产品越卖越多，企业赚取的利润也越来越丰厚，企业进一步拿出利润来优化产业发展环境，支持相关公益活动，提升科普公关层次，主动去承担更多市场启蒙的社会责任；②企业与产业之间"同频体"的共振效应——企业通过科普启动市场，获得了维持自身可持续发展的利润，进而刺激企业不断扩大再生产，不断完善太阳能工业体系，提高生产能力与生产水平，这些反过来又增强了企业拓展市场、掌控市场、服务用户的能力；③利用已经建立的企业品牌形象和产业地位，推动政府对太阳能热水器产业的支持和社会对太阳能热水器产业的关注，通过呼吁节能环保、产业立法，推动产业发展环境的进一步优化和市场的进一步认可（朱丽）。这三个循环贯穿了皇明的三个发展阶段：产业开拓阶段、产业建设阶段、产业持续发展阶段，从而有效地开创了太阳能产业的"皇明"模式。

皇明太阳能公司经营战略如图 3-1 所示：企业的经营战略从高到低，从全局到部分，从整体到具体可以分为公司层战略、业务层战略和职能战略。不同产业阶段有着不同的外部经济社会环境和内部企业环境，皇明太阳能所选择的经营战略在各个阶段都有所侧重，而作为行业领导者，皇明太阳能经营战略的实施将对整个产业环境产生影响。在产业环境与经营战略互动的过程中，皇明太阳能通过不断调整和完善，呈现了作为行业领导者的战略演进过程。

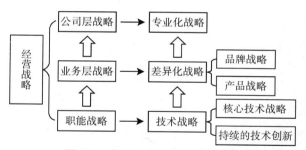

图 3-1　皇明太阳能公司经营战略

企业的公司层战略体现了企业的根本选择，而正是由于长期坚持符合能源领域发展潮流的专业化战略，皇明太阳能才能在短短 20 多年之内成长为中国的明星级企业。皇明太阳能作为最早涉足并成为太阳能行业领导者的企业，因为其民营企业的身份，本身便具有很鲜明的创业者个人特质。在创业开始阶段，创始人黄鸣便确定了企业的发展方向，即专注于太阳能行业，倡导绿色能源概念，并最终达到以太阳能替代化石能源的目标。

除了把握全局方向的公司层战略，皇明太阳能的行业领导者地位还来源于在不同的产业发展阶段所采取的不同的业务层战略和职能战略。在产业开拓阶段，企业规模小、实力不足，同时产业的公众认知度低，消费者对产品还不了解，缺乏购买欲望。皇明太阳能的应对策略是：集中企业有限资源，选择容易启动的细分市场集中突破，采取科普教育、产业启蒙、体验营销等手段培育和启动市场，尽快形成企业和市场同步增长的良性循环。在产业建设阶段，企业规模逐步扩大、实力逐步增强，同时形成一定的有效市场规模后，外部资金开始进入，市场竞争趋于激烈。皇明太阳能的应对策略是：以行业建设者和产业领袖者的身份引导和维护市场的良性竞争，避免产业在价格战中走向低价格、低质量的破坏性循环。在产业持续发展阶段，产业已经形成巨大的市场空间，企业也已经建立了比较大的经营规模，面临着进一步做大做强和持续发展的问题。同时由于处于行业领导者地位，企业需要建立同产业、社会之间的融合互动。皇明太阳能的应对策略是：在外部，引导社会、政府和产业之间共建和谐关系；在内部，通过工业体系、能力建设等基础和核心要素的培育，推动企业向更高层次发展。

第二节 产业开拓阶段与皇明战略选择
（1995~2000 年）

一、市场的初步培育

世界范围内对太阳能进行较大规模的科学研究开始于 20 世纪 40~50 年代，直到 20 世纪 90 年代，其间几度兴衰都与矿物燃料的开采及利用有关。一旦常规矿物燃料的开采兴盛，价格较低，太阳能研究便开始冷落。反之，矿物燃料价格上涨，太阳能研究则兴盛。直到 20 世纪 90 年代，人们开始意识到环境污染问题的严重性，纷纷投入资金以加快进行太阳能等可再生能源的研究，以期实现资源与环境的可持续发展。国内对太阳能的科学研究始于 20 世纪 70 年代，随后兴起了开发利用太阳能的热潮。然而直到 20 世纪 90 年代，以皇明为代表的一批太阳能产品生产企业的建立为标志，中国的太阳能产业才真正起步。值得注意的是，中国的太阳能产业起步是从太阳能光热利用开始的，这也是中国太阳能产业细分领域中，市场和技术都最为成熟的领域。包括皇明太阳能在内，在20世纪90年代创立的太阳能产品生产企业当中，绝大部分都是做太阳能光热应用的，做太阳能光电应用的企业大多在21世纪之后才成立。

1995年皇明太阳能正式成立。在此之前，太阳能产业虽然得到了一定发展，但是，即使在国际上，太阳能产业的商业化水平仍然很低，中国的太阳能热水器行业处于一种"摸着石头过河"的境况，外无借鉴，内无参照。同时，国内对太阳能的了解不多，99%的消费者并不知道太阳能是什么，对太阳能产品的认知度很低，政府也不够重视，缺乏支持。因此，太阳能产品的推广普及面临着巨大的挑战。当时，全国从事太阳能产品生产的企业估计不足400家，产品的销售也完全处于"试销"、"代销"阶段，市场局限在厂家所处的局部区域，全国性的品牌还没有出现。总之，太阳能产品生产企业一方面要承担繁重的技术研发工作，另一方面要改变消费者观念，培育市场，建设销售渠道。

20世纪90年代中后期，太阳能产业得到了较快的发展。这段时期，一批实力较强的太阳能企业开始建立，太阳能热水器的生产技术也得到不断改进，形成了标准的生产流水线，市场也逐渐得到开拓，市场容量迅速扩大。

首先，一批太阳能企业先后创立，形成一些全国性品牌。其间一些预见到太阳能产业巨大前景的企业开始涉足太阳能热水器行业，其中的一些后来成为行业知名品牌，比如1998年成立的桑夏太阳能和1999年进入太阳能热水器行业的江苏太阳雨集团。在这些企业的推动下，太阳能热水器市场不断壮大，企业也得以生存和发展，一些企业逐渐从一个区域品牌逐渐发展成全国性品牌。

其次，整个行业的生产技术得到改进，生产能力大大增强。由于太阳能产业是一个新兴产业，没有现成的经验可以学习借鉴，产品设计、生产工艺、生产设备等都要企业投入大量精力进行研发。这期间，以皇明太阳能为代表的太阳能热水器企业，不断提高产品的技术含量，改进生产工艺，制造出了质量较高的太阳能产品。

最后，市场启蒙逐渐见效，太阳能热水器市场发展迅速。经过大量的科普活动，加上体验营销等宣传和营销策略，太阳能热水器市场发展加快。1995~2000年，整个行业的市场容量从8亿元左右增长到40亿元。

1998~2000 年，全国太阳能热水器的总产量从 350 万平方米增长到 640 万平方米，年销售量和总安装量则分别从 340 万平方米和 1500 万平方米增长到 610 万平方米和 2600 万平方米，如表 3-1 所示。

表 3-1　1998~2000 年中国太阳能热水器的销售量和总安装量

年份 指标	1998	1999	2000
年总产量（万平方米）	350	500	640
年销售量（万平方米）	340	480	610
总安装量（万平方米）	1500	2000	2600

资料来源：中国价值网。

在 20 世纪 90 年代中后期，中国的太阳能产业有了突破，在产业化、商业化的道路上有了质的飞跃。虽然面临很多问题，比如光热，虽然低温应用的技术比较先进，但其他技术比较落后；太阳能产业的社会关注度不够，产业发展缺乏政府的政策支持；国家标准、行业标准也极为缺乏，导致市场上的产品质量良莠不齐；等等。尽管这些都不利于行业的发展，但是太阳能产业毕竟起步了。而且与西方国家不同的是，中国的太阳能产业不是依靠政府补贴催生出来的"人造市场"，而是真正地依靠企业开拓市场成功实现商业化的市场。因此，中国的太阳能产业展现出广阔前景。

二、科普开拓发展

皇明太阳能是太阳能热利用产业的领导者，自从公司成立起就致力于生产高质量的太阳能热水器。当然，任何企业的发展都经历了一个由小到大的过程。皇明太阳能的发展也有一个过程。

1988 年，时任地矿部德州石油钻井研究所技术装备室副主任、高级工程师的黄鸣利用业余时间，研制成功了第一台太阳能热水器。在这之后，黄鸣在原单位里成立了个体研究所，并在 1992 年以原有单位名义成立了新星高科技公司，随后投入大量时间精力研究太阳能热利用，初步尝试太阳能热水器的商业化，此后销售网络基本遍布德州周边县市。但是，这个时期主要是以研究太阳能为主，消费者对太阳能热水器的认知基本空白，所以这一时期太阳能热水器市场并没有真正步入正轨。

1995 年，黄鸣从国有科研单位辞职，在山东德州创立皇明太阳能技术研究所。在研究所步入正常发展轨道后，随即在 1996 年创办了生产、销售、服务为一体的山东皇明太阳能有限公司。以此为标志，中国迎来了"太阳能产业化的元年"。但此时的太阳能热水器市场是一个年产值仅为 8 亿元左右，产品大多出自作坊式工厂，产业处于极其低端的阶段。进入一个极少人涉及的新兴产业领域，皇明太阳能遇到的困难比一般企业更为棘手。具体看存在着两方面的问题：

首先是生产方面的问题。由于太阳能产业是个新兴产业，刚刚起步，向国外引进生产线基本不可能，而国内的太阳能工业体系也是空白。因此，皇明太阳能在生产过程中遇到的各种困难基本上只能依靠自己的生产技术人员不断摸索、解决。比如，各种器件生产、产品设计没有参考借鉴，都是皇明公司自行设计生产。另外，由于太阳能工业刚刚起步，还没形成一个完整的产业链来提供各种配件、服务等，因此一些配套设施也不大完善，配件的购买也不方便。

其次是市场启蒙的问题。市场是最重要的，最需要解决的问题。市场直接关系到企业的生存发展。皇明太阳能刚成立时，由于消费者对太阳能热水器的认知度不高，因此必须对消费者进行教育，"诱导"消费者的需求，开启新的消费市场。用集团创办人黄鸣自己的话说，就是"当时 99% 以上的人不知道太阳能是何物，皇明太阳能面对的是一片荒芜的沙漠，一个蒙昧的市场"。

与此相适应，皇明太阳能的策略是，一方面积极改进生产技术，满足消费者需求；另一方面则是努力启蒙和培育市场。

（一）努力研发，改进产品，竭力使消费者满意

创业之初，面对一个需要启蒙的市场，让公司的产品能够满足消费者的要求，使公司能够逐步打开市场是决定企业能否成功存活的关键。皇明太阳能的做法主要有以下几个方面：

（1）重视发展自身的研发能力，并与高校和科研机构进行合作研发。这期间，随着公司的快速发展，公司逐渐形成了专家治厂、学者掌权的风气。公司的领导层基本上是理工专业高工。科研组织结构、科研队伍建设、科研项目开发都有其独到之处。公司与中科院合作，成立"合作制"的皇明清洁能源研究室；与澳大利亚悉尼大学合作，进行出口型产品研究；在南京设立电子科研中心；在济南设立硕士站；等等。

（2）注重引进和培养人才。开业三年内，共引进 500 多名大专以上学历的人员，其中高工 30 多人，具中级职称的 60 多人。皇明太阳能实行办学式挖掘的方针，通过与电大联合办学对职工进行定向培养，以及与大专院校联合成立中国第一个太阳能专业硕士班，使人才得以迅速脱颖而出。

（3）不断改进生产工艺，提高生产能力和产品质量。成立不久，皇明太阳能便决定进行生产技术升级，果断丢弃了手工作坊式的生产方式，自行研究开发出模具化、机械化生产的，后来被同行纷纷效仿的新一代产品。那时虽然新产品的成本提高很多，但销量却增长近 10 倍。此外，在这期间，皇明太阳能在质量、性能和外观上对太阳能热水器进行大力改进，力求改变太阳能热水器只能在水暖店里摆放的形象。比如，皇明太阳能引进汽车表面的弗丽特喷涂技术让热水器的外观变得锃亮而且耐用。总之，皇明太阳能既把握着太阳能热水器发展的潮流方向，又关注产品生产细节，以求精益求精，以高质量的产品赢得消费者的信任，逐渐打开了市场，为自身发展和行业发展都做出了贡献。

另外值得一提的是，皇明太阳能的生产此时主要是购买其他配件厂的零部件自行组装生产。所以，其他配件，尤其是关键配件的供应质量成为皇明公司产品质量的重要影响因素。一般来说，太阳能热水器由集热管、储水箱以及支架等相关附件组成，吸热技术和保温技术都是极为重要的。其中，集热管国内一般采用真空管，是太阳能热水器的核心部件。皇明太阳能在 1999 年便建成了自己的真空管生产厂，并且逐步改进技术，提高了太阳能热水器的吸热和保温效果。正是由于皇明对产品质量的高要求，所以皇明太阳能力求掌握核心部件的生产技术，而对关键配件都实行全面检测，以保证购买的配件质量。

（二）教育消费者，转变消费者的观念，启蒙和培育太阳能热水器市场

（1）面对蒙昧的市场，皇明太阳能的首要任务是普及太阳能知识，原始投入几乎全部用于太阳能科普，增加人们对太阳能和太阳能热水器的认知，形成产品需求。皇明太阳能开始在全国路演，逐个城市进行宣传；启动"科普万里行"、"太阳能售后服务万里行"和"百城环保行"等活动，创办并大量散发《太阳能科普报》；在全国各地举办集太阳能科普展示、销售、服务咨询为一体的绿色风暴活动。这些活动有力地启蒙了中国太阳能市场，催生了一个富有强劲竞争力和巨大潜力的太阳能产业。公司还开展了大量的慈善活动，如向济南市慈善总会、南京临终关怀医院、南京青龙山精神病院、南京社会儿童福利院等机构捐赠太阳能热水器和图书、报刊、保健物品。这提升了公司的形象，有利于提高公司的知名度。

皇明太阳能创业初期也在报纸和电视上投放了大量的广告。1995年，皇明太阳能技术研究所一成立，便开始接受中央电视台的栏目报道，成为第一个在中央电视台做广告的太阳能品牌。皇明太阳能的广告词也非常有创意，给人留下了深刻的印象，起到了很好的效果。比如，"为了蓝天白云，您可以不用皇明，但您应该用太阳能"、"谁说太阳能热水器登不了大商场的大雅之堂，皇明96精品敢与品牌冰箱空调同台竞美！"前者在普及太阳能知识的同时，也增加了皇明太阳能的知名度，体现了皇明太阳能的公益心；后者则很自信地借用了品牌家电的概念，让消费者将太阳能热水器也看作是一种家电，将"皇明"看作是一个家电品牌，有力地打破了一般人对太阳能热水器的印象，有利于改变太阳能热水器的形象，提升皇明太阳能的品牌知名度。

在皇明太阳能强有力的推动下，消费者对太阳能的认识更为深刻，很多人也接受了太阳能热水器，开始信任"皇明"这个品牌，成为皇明太阳能潜在的忠实客户。市场依靠科普越做越大，太阳能的产品越卖越多，企业赚取的利润也越来越丰厚。由此激发企业拿出从市场获取的利润的相当一部分，进一步来优化产业发展环境、支持相关公益活动、提升科普公关层次，主动承担更多市场启蒙的社会责任。此举既促进了整个太阳能市场的快速发展，也使企业品牌的地位更加巩固，形成相得益彰的良性循环（朱丽）。

（2）选择高质量的经销商，打造自己的全国营销网络，积极开拓市场。公司刚成立时，其产品主要在山东省内销售，随着市场的不断发育壮大，后来发展成了全国性销售。这与皇明太阳能拥有一批高质量的经销商队伍是分不开的。皇明太阳能的销售采取了代理商制度，努力将经销商做成终端商，使经销商在终端商树形象、上销量。皇明太阳能基本坚持在重点区域及省级市场建立自己的分公司的营销模式，将区域市场的主动权抓在自己手里。具体来说，皇明太阳能以地级市为单位，找一个总代理商，让其负责一个地区的产品销售。总代理商可以自行选择经销商，皇明太阳能原则上并不干涉。由于其销售网点往往具有经销商与终端商的双重身份，因此皇明太阳能负责对经销商进行经营管理、产品推销、店面布置、宣传广告等多方面的支持与指导，而售后服务以及一些较困难的技术服务则由皇明太阳能在该区域的服务中心提供支持。皇明太阳能将经销商做成终端商的做法，比较有力地开拓了市场，较为顺利地建立了一个全国性的销售网络。

皇明太阳能通过不断努力，成立之后仅用 3 年时间就使产值成倍翻番，到 1999 年一跃超过亿元。在这短短的创业后 3 年间，皇明太阳能创造了一个享誉全国并正在走向世界的品牌，一个中国太阳能行业的大型龙头企业：获得 24 项国家发明专利；在国内首创全机械化、现代化生产线；在全国绝大多数省市建立了 1000 多个销售服务网点。

在这一阶段，公司先后建立了售后服务档案微机管理系统、人才信息库，开始贯彻实施 ISO9002 国际质量标准体系，基本建成了全国销售网络。1999 年 4 月，太阳能热水器最为核心的配件——真空管厂也建成试产，一年后的月产量突破 40 万支，并且在 2000 年 4 月成为行业内首家从真空管到太阳能热水器一次性全面通过 ISO9002 国际质量体系认证的企业。2000 年，"皇明"成为"山东省著名商标"。这充分说明，皇明太阳能从一个小作坊式的工厂、一个区域性的品牌，初步建成为一个规模较大、生产能力较强、一个全国性的品牌。2001 年经评估，皇明太阳能的品牌价值已达 21 亿元，成为中国绿色能源第一品牌。皇明太阳能成功地集中了企业有限资源，选择容易启动的细分市场集中突破，采取科普教育、产业启蒙、体验营销等手段教育和启动市场，尽快形成了企业和市场同步增长的良性循环，并且在这个循环中让自己更加壮大，成为行业的知名品牌，消费者信赖的品牌，成为行业的领导者（朱丽）。

皇明太阳能创业后的 5 年，市场快速发展。到了 2000 年，全国太阳能热水器市场销售额已经达到了 61 亿元，而 1996 年全行业的产值才 8 亿元。但是，从 1996 到 2000 年，全国太阳热水器市场得到启动、市场规模快速增长后，众多太阳能热水器生产厂家也开始涌现，市场逐渐呈现无序发展态势。

第三节　产业建设阶段与皇明战略选择
（2001~2004 年）

一、市场的无序竞争

　　经过产业开拓阶段的市场培育，太阳能产业发展迅速，中国成为世界上最大的太阳能热水器生产和使用国。2000 年，太阳能热水器年销售量达 610 万平方米，产值 60 亿元，较 1998 年翻了近一番。2000 年底，全国太阳能热水器总安装量达 2600 万平方米，年替代常规能源能力 400 万吨标准煤，居世界第一位。

　　2000 年 8 月，国家经贸委出台的《2000~2015 年新能源和可再生能源产业发展规划要点》中，确定太阳热水器是太阳能热利用产业发展的主要内容之一，并将建成和发展大型高效太阳热水产业、规范市场作为重要的发展任务，规划中还明确提出了到 2015 年全国家庭住宅太阳热水器普及率达到 20%~30% 的目标。由于看好产业的潜在商机，大量资本纷纷进入太阳能热水器行业，行业内的企业数量"爆炸式"膨胀，短短几年，大大小小的生产企业达到四五千家。美菱、海尔、澳柯玛、华帝等一些家电企业也大举进军太阳能热水器行业。行业内涌现出了皇明、清华阳光、亿家能、力诺瑞特、华扬等一批知名品牌企业。太阳能热水器和电热水器、燃气热水器形成"三足鼎立"的局面。2002 年，全国城市居民家庭拥有的热水器以燃气热水器为主，约占总量的 57.4%，电热水器的市场拥有率已达到 31.3%，太阳能热水器拥有率为 8.4%，其他热水器占有率 2.9%。太阳能热水器成为燃气热水器、电热水器之后的第三大类热水器。

　　在经历了产业开拓阶段市场高速发展之后，太阳能热水器行业在 2001~2004 年出现了市场扩张速度放缓、企业销售额增长减慢等状况。1999~2001 年，太阳能热水器生产量分别比上年增长了 42.9%、28%、28.1%，但在 2002~2004 年，生产量增长率分别为 22%、12.5%、11.1%。太阳能热水器行业的增长速度全面放缓，企业也面临着一些困难。这种局面的出现并非偶然，而是与太阳能热水器产业的性质有关。太阳能热水器行业是新兴产业，市场已经形成规模，行业利润较高，但尚未形成相对稳定的格局，加上国家标准缺乏，进入门槛比较低，市场需求旺盛，因而出现了众多品牌纷争市场的局面，特别是地方上的杂牌生产厂家数量众多。这些杂牌企业生产能力低，技术能力弱，产品粗造滥制，产品以低廉的价格占领市场但又缺乏售后服务，严重破坏了行业的形象。

除了杂牌企业的大量涌入造成了市场的无序竞争外，太阳能热水器行业在这一时期出现发展困难局面的因素还有以下几个方面。

第一，技术含量低导致行业陷入价格战。市场上的绝大部分太阳能热水器未采用加压式，也没有研制出与建筑很好结合的产品。市场上销售的太阳热水器质量和价格参差不齐，如1台2平方米左右的真空管热水器，不同的品牌之间价格可相差1000元左右。究其原因是太阳能热水器技术档次相对较低，开发的新产品和新技术易于模仿，因此容易形成低水平的竞争。20世纪90年代中期，太阳能热水器生产和销售是一个高利润行业，一般利润率在50%上下。丰厚的利润和低档的技术吸引了大批投资者介入，使得太阳能热水器行业得到迅速发展。到2000年，全国已经拥有1000多家太阳能热水器生产厂，但其中真正技术上有水平、产品质量上档次、经营有规模的企业非常有限。2000年，全行业销售收入为61亿元，平均每家企业不到500万元，销售规模上亿元的企业仅10家。为了争夺市场，企业开始了广告大战，试图在较短的时间内形成所谓龙头企业。尽管这一时期太阳能热水器的利润相对丰厚，但由于产品的雷同和进入门槛太低，即使大企业也很难有所作为，风险投资和其他投资基金对太阳能热水器行业也不愿插足。2000年左右，主要的太阳能热水器产品都是以小管（管长1.2米、1.5米）、小支数（16支管以下）为主，而正是这样的惯性思维使得太阳能热水器多年来鲜有新的突破。一方面，技术的"瓶颈"制约大管、大支数的生产；另一方面，厂商默契维系的一种微妙平衡，希望能够从太阳能相对稳定的市场份额中获得固有的收益，这也是技术难以取得突破的另一个原因。

第二，市场需求的多元化没有得到满足。中国幅员辽阔，太阳能的分布在各地区并不相同，城乡差异也很明显。在地域上，太阳能热水器普及率北方高于南方，山东、河北、内蒙古、河南、安徽、江苏、山西、陕西、甘肃、宁夏、辽宁、湖北等市场较成熟。这些地区光照充足，消费者对太阳能的认知度高，有些地区太阳能的市场份额能够占到整个热水器的

60%以上。南方地区由于光照水平不如北方，急需技术水平更为先进的产品。在建筑特征上，城市的高楼大厦无法使用市场上普遍流行的立式热水器，需要开发更适合城市建筑的产品。在城乡需求差异上，农村虽然低端、易于扩大，但是水质环境、使用习惯等使农村需求更加脆弱，而城市市场更易容纳高端产品。由于市场需求的多样化，导致优胜劣汰的市场规律难以有效发挥，大不容易做强，小不容易淘汰，导致市场集中度较低。

第三，行业标准缺乏导致市场进入门槛低。这一阶段虽然国家相继出台了部分关于太阳能行业标准的相关规定，但就整个行业来说，尚无统一标准，也没有一个全国性的质量检测机构。部分省市制定的地方标准多少带有"地方保护"色彩，甚至个别县也规定了一个标准，名义上是检测，实则在收钱，外地产品不通过检测不能卖。市场分割、不顾对方知识产权的相互仿制、产品质量混乱、售后服务的缺乏，直接影响着太阳能热水器行业的发展。从太阳能热水器产业未来发展的角度看，现有的标准和规范还很不够，需要进一步完善。一方面，这些标准只涉及太阳能领域的一小部分以及一些简单的工艺，大多数标准只针对平板型集热器，重点是针对生产、设备和企业，几乎没有标准规范太阳能热水器的安装、应用和市场；另一方面，对标准和规范的执行不力，使可操作性不强的标准和方法形同虚设。中国太阳能热水器行业的检测体系和产品认证制度也尚不完善，亟须加强。建立良好的检测体系和实施产品认证，有利于规范太阳能热水器销售市场，促进太阳能产品质量的提高，有利于保护消费者的权益，提高太阳能热水器产品的安全性和可靠性。目前一些发达国家，如美国、德国、日本、英国、法国等，为配合新能源产品认证相应制定出有关认证标准，韩国也在1997年开始对太阳能热水器产品实施认证制度，在检测和认证中对产品的质量、性能、生产管理和售后服务进行全面的评价。因此，政府需要通过建立完善的检测体系和实施规范的产品认证来提高太阳能热水器行业的整体质量水平，从而保护国内太阳能热水器市场并扩大国际市场。

第四，市场混乱竞争导致消费者认识偏差。皇明太阳能曾总结、提炼出消费者六大消费观念误区：误区一："买热水器只是用来洗澡的"；误区二："用热水比用冷水多花钱"；误区三："用热水要现加热等"；误区四："多用热水多花加热钱"；误区五："太阳能冬天不能用，不好用"；误区六："太阳能买小的经济些"。这种认识上的偏差给市场的良性发展带来了不利影响。

二、技术助力发展

皇明太阳能坚持专业化的发展战略，多年来一直专注于太阳能光热应用领域。专业化战略能够让企业在经营环境的动态变化和激烈的市场竞争中取得规模经济和持续的竞争优势。通过专业化，皇明太阳能用有限的资源进行技术攻关，掌握产业的核心技术，形成差异化的产品，由此培育起核心竞争能力，从而获得相对高额的利润。当然，实施专业化战略并不意味着皇明太阳能只做太阳能热水器，而是以太阳能光热技术为核心向太阳能应用的其他领域进行扩散。

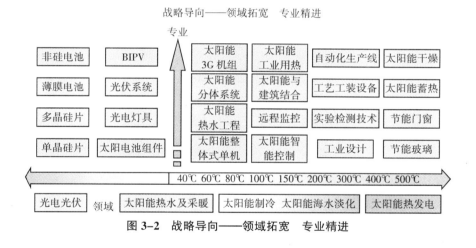

图 3-2 战略导向——领域拓宽 专业精进

皇明太阳能的战略导向如图 3-2 所示。首先，起步于太阳能光热应用的低温领域，制造太阳能热水器。但皇明太阳能近年来朝着三个方向前进。①挖掘产品的潜力，做得越来越专业化，比如从简单的太阳能整体式单机进一步发展为太阳能热水工程、太阳能分体系统、太阳能 3G 机组。②朝着太阳能光热应用的中高温领域前进。这是行业发展的趋势，皇明在这一块的投入较多，尤其是在太阳能智能控制、太阳能与建筑结合上。③进军光电光伏领域，但皇明在这一领域大多是投入了一些资金进行科研尝试，并没有实行大规模的商业化。

此外，皇明太阳能致力于实行差异化战略，企业凭借自身的技术和管理方面的优势，开发出在性能、功能、质量上都优于市场上现有产品水平或优于竞争对手的创新产品与服务，并且能够满足消费者的不同需求。皇明太阳能始终将产品的"好用"放在第一位，坚持做好产品，走高端路线，所以产品价格也比一般的企业要高出许多。面对竞争对手的产品和服务模仿，皇明太阳能充分发挥强大的研发能力和大厂商的优势，制造质量高、技术领先的产品，让"皇明太阳能"成为高质量、高品位的代名词，实现与一般厂商的差异化。

专业化和差异化战略是皇明太阳能始终坚持的方向，但是要实现战略则必须在各个时期都执行相应的策略。面对着产业发展的困境，企业销售业绩不佳，皇明太阳能并没有盲目卷入价格战中，而是继续提高研发能力和技术水平，进行产品升级，力求推动行业洗牌。具体来说，皇明太阳能的主要应对策略有以下几个方面。

（一）实施技术领先战略

2003 年，皇明太阳能与德国 Fraunhofer 研究所、悉尼大学签署协议，启动 ODIC 战略。ODIC 的核心理念是实现太阳能前沿技术与大规模商业应用需求的零距离，包括三个层面：太阳能核心技术层面，整合全球的主流太阳能应用核心技术，实现太阳能光电、光热、太阳能建筑与前沿技术的突破，实现太阳能技术突破向产业化方向转变；太阳能核心产品层面，通过 ODIC 战略的 10 年规划，实现太阳能光热、光电等多用途应用一体化；在太阳能合作层面，通过与全球太阳能先进科研单位进行技术交流合作，实现太阳能技术理论向市场应用方面的突破（韩敏）。

ODIC 战略的提出与实施的目的是与世界著名院校的太阳能专家及研究院倾力组建尖端科研网络、以世界超强太阳能研究院阵营实现先进技术与市场应用的转换，协力打造企业在太阳能行业的核心竞争力。在国内，皇明还与中科院等研究机构全力合作，建立国内一流的太阳能技术研发平台。到 2004 年，皇明中科院联合实验室、皇明与天津海洋研究所等科研机构共同承担了四项国家"863"计划项目、两项"双高一优"重点技术改造项目、国家级火炬计划项目。通过实施技术领先战略，皇明先后研发并推出一系列新型热水器，如不锈钢内胆太阳能热水器、无焊点组合支架太阳能热水器、太阳能开水器、功能转换式太阳能开水热水两用器、阳台承压式太阳能热水器、尖顶卧式太阳能热水器、大型太阳能集热系统、热水器水位水温测控仪、热水系统全自动控制柜、豪华型承压太阳能热水器、加长管太阳能热水器、太阳能活动浴房、氩弧焊不锈钢内胆太阳能热水器等。

（二）突破核心技术

抓住太阳能核心部件的技术突破，无疑掌握了行业的发言权。真空管无疑是太阳能热水器最为关键的部件，能否有效利用太阳能进行光热转化，是衡量太阳能热水器性能的重要指标，而真空管的性能又主要取决于镀膜技术。皇明太阳能采用先进的"不锈钢氮化铝干涉膜技术"国际专利技术，制造出耐高温、抗高寒、高效吸收的"三高"真空管。1998年以前，皇明热水器所需要的真空管全部是外部配套，质量、数量均受到某种程度的牵制。1999年皇明太阳能投入巨资与澳洲的研究机构进行合作，自己生产真空管。截至2003年，皇明已经拥有30条真空管生产线，年产能为1000多万只，除了满足自己配套之外，因采用先进的干涉膜镀膜技术，其"三高"、"太阳芯"真空管还出口国际市场，利润近5000万元。

除了核心技术突破外，皇明太阳能也没有放松规范化的生产组织模式的建立。2000年后，皇明太阳能借鉴一些外企和合资企业的生产管理模式，逐渐学习了计划编制、生产管理流程和部门设置等，到了2003年逐渐形成了比较完善的正规的生产组织结构，大大提高了生产的效率，保证了产品质量。

（三）在掌握核心技术基础上进行产品延伸，适当实行多元化战略

皇明太阳能所选择的多元化战略依托于其所掌握的核心技术，属于同心多元化。仅有核心技术不够，市场需要的是将这些技术与市场需求的盲点有机结合。中国的太阳能热水器是一个新兴的行业，由于该行业进入的初期门槛比较低，所以良莠不齐的厂家有几千家。皇明太阳能拥有庞大的、差异化的产品群，功能突出、外形美观、价格比较高，而其他相当部分是中小企业的高度同质化的产品。例如，皇明太阳能在2004年推出冬冠热水器，该产品配备了电热水器的自动调控功能，同时又能有效利用太阳能，彻底去除了传统太阳能热水器冬天不能用、雨天不能用的缺陷。由于容量远远超过电热水器40~80升的水平，该产品成为能够同时满足洗

澡、洗菜、洗衣、拖地的热水需要的全天候热水中心（韩敏）。如果从行业的发展看，皇明的产品策略极为奏效，也在不同程度改变着中小企业的产品策略。

（四）实行产品战略（产品升级）和品牌战略（品牌立市），推动行业洗牌

作为行业领导者，皇明太阳能针对产业建设阶段市场的混乱现象，不仅需要在技术上有所突破，更重要的是以技术为依托完成品牌升级，引导市场走向理性。2003年，皇明将占其销售量70%的小规格太阳能热水器淘汰出局，推出了1.8米真空管的"冬冠180"大规格产品。紧接着2004年皇明再次将行业视为高规格的"160"淡出市场，大力推出"冬冠210"系列产品。虽然产品升级导致了皇明产品价格进一步上升，但是皇明有自己的理由：一是西方国家日常生活中使用冷热水之比是1：9，而中国是9：1，因此中国消费者对于热水的需求会越来越大，大规格的产品正好满足普通消费者需求；二是实行产品升级，可以避免恶性的价格竞争，并以良好的产品品质为支撑而在市场竞争中领先。

黄鸣认为，皇明太阳能应多渠道构建销售通道，不打价格战；从高端切入，放弃中低端市场；皇明的战略定位是高端的、提供大型太阳能热水器的生产商，集中精力做高端产品。除通过牢牢掌握核心技术将杂牌军挡在高端产品门外的技术洗牌策略外，皇明太阳能还提出"太阳能，冬天好用是标准"的标准洗牌，建立皇明太阳能"服务托儿所"，为无人管的太阳能产品做用户服务，进行服务洗牌。

对于产品升级后的皇明来说，迫切的问题是如何提升企业内外对品牌的认知，以及突破消费观念的"瓶颈"。通过广泛征集，皇明太阳能将品牌升级的传播口号确定为"科技有绿更动情"。这一理念与前期的"科技带动文明"及当前的"绿色能源，强盛中国"有着较强的内在联系。基于这一理念，皇明太阳能构思并实施了一系列的推广方案。对于新的品牌理念的传播，皇明太阳能对外采用立体式媒体传播，并自创了针对白领与房地产商的内刊《绿领》。同时，着手建立皇明文化长廊和科技博物馆、人文博物馆，借助工业旅游全面推广体验营销。对内则梳理品牌特征，编制《企业文化手册》，编发《太阳能科普》报、《皇明人》报，对各部门进行相关考核，与绩效挂钩。面向一线的业务人员，皇明太阳能创办了《皇明促销季刊》，内容包括皇明太阳能产品、新品知识介绍、太阳能行业资讯、促销手段技巧、皇明太阳能金牌促销员成功经验、世界顶级销售人员案例以及促销员信箱，等等。通过这些渠道，不断给促销员"充电"。

（五）继续培育市场，让市场回归理性

在技术和品牌战略的支持下，皇明太阳能能够在产业建设方面发挥其优势，抵制行业的低价竞争和无序竞争，促使市场走向理性。为此，皇明太阳能主要做了以下两点：

首先是利用媒体传播理念。2004年初，皇明太阳能以改善国人生活品质为核心，以关爱中国女性生存状态为主张，启动了"绿色热爱"中国计划，以《中国妇女报》的中国家庭热水使用情况调查为依据，在全国大力推广以"冬天好用的太阳能"为标准的冬冠系列太阳能热水器。皇明太阳能力推"绿色热水文明"理论。"绿色热水文明"的基本解释是：顾客需要的热水是安全、经济、环保、富足、舒适、爱心、全能的热水，而这个理论的最终指向是太阳能热水。皇明太阳能提出，中国即将从电热水器、燃气热水器和太阳能热水器的三足鼎立，转入以可再生能源提供的环保节能的"绿色热水文明时代"。黄鸣也一直在不遗余力地推动"绿色热水文明万里行"活动。

其次是重视消费者的终端销售体验。在直接接触消费者的销售终端，皇明太阳能强调差异化的终端建设，通过超值的购买体验淡化价格对消费者购买的影响。为了摆脱价格战的影响，皇明一直强调终端的5S标准专卖店建设，5S即Show（展示）、Sale（销售）、Service（服务）、System of Information（信息系统）、Solar Culture（太阳能文化），目的在于使消费者从终端体验中认识到皇明与其他品牌的差异，以稳定行业领导品牌的地位。另外，由于安装以及消费习惯等具体因素的限制，太阳能热水器的市场主要集中在二、三级市场。根据这样的市场现状，皇明太阳能的渠道主要集中在这些区域市场，并且在行业内率先开始规范化的专卖店代理制，即按照统一的店面规范与代理商共同出资建立自己的品牌专卖店。规范的专卖店不仅具有良好的品牌形象展示作用，还极大地促进了销售。

在产业初具规模时，因为进入门槛低，导致企业蜂拥而入，市场竞争变成了以低价为主的低水平竞争，整个行业的健康发展受到了严重影响。皇明太阳能致力于实现技术突破和产品升级，坚持走高端品牌路线，不参

与低价竞争，并且通过广告以及科普活动等力图扭转消费者的认识误区，让市场回归到靠产品质量和品牌取胜的道路上来。

第四节 产业持续发展阶段与皇明战略选择
（2005 年以后）

一、市场的理性回归

在经历了一个比较缓慢发展的阶段之后，2005 年开始，整个太阳能热水器行业又开始迎来了一个较为快速的发展时期。

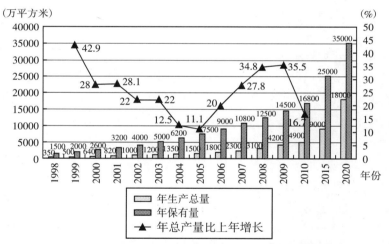

图 3-3 1998~2020 年太阳能热水器市场总量及预测趋势

资料来源：中国价值网。

图 3-3 和图 3-4 分别描述了相应年份太阳能热水器市场总量以及销售额的实际情况和预测趋势。

由图 3-3 和图 3-4 可知，2005~2008 年太阳能热水器进入高增长阶段，在家电下乡政策的推动下，2009 年太阳能热水器市场总量和销售额都达到了一个高峰，而 2010 年后市场整体下滑，行业增长速度放缓。这

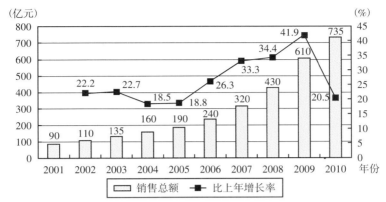

图3-4 2001~2010年太阳能热水器市场总量及趋势

资料来源：中国价值网。

一期间，整个行业经过前些年发展，市场逐渐成熟，引起较多资本进入行业内，竞争开始变得更加激烈。与此同时，行业也已经出现了一批较为知名的全国性品牌。比如，在太阳能应用技术最为成熟并且在国际上也已经达到先进水平的太阳能光热应用方面，出现了皇明、清华阳光、华扬、力诺瑞特等太阳能热水系统品牌。中国在其他太阳能应用领域也有较大的突破，太阳能光伏制造业在长三角和珠三角地区迅速崛起，其产品大多出口到欧美等发达国家。

中国在太阳能光热应用方面取得的成果是最大的，尤其是在太阳能光热的低温领域技术达到了世界先进水平。以民营企业为市场主体的太阳能热水器产业已经具有完全自主知识产权的专利技术，基本形成从产品研发、设计、材料加工、产品制造、检验认证、工程安装、营销服务等比较完整的产业体系。在历经了前一个阶段产业内企业的低价竞争，产品质量良莠不齐，消费者消费心理不成熟，整个市场十分混乱的局面之后，市场逐渐回归理性。行业内的企业开始反思，并实施一些有利于行业发展的策略。相关的专家学者也不断呼吁行业规范化、科学化发展，国家制定了《可再生能源法》和支持太阳能行业发展的法规条例，一些地方也相继出台支持太阳能生产、安装的政策。品牌传播已成为一些优秀企业的共识，太阳能行业、太阳能产业、太阳能发展、新能源等成为社会公众媒体使用最多的词汇之一。无论是企业还是政府、消费者都开始更加理性地对待太阳能产品，关注行业的有序竞争和健康发展。

具体来说，太阳能热水器行业的发展有以下几个特点。

　　首先，国内太阳能热水器和太阳能热水工程系统市场发展速度很快，市场容量大大增加。居民对生活品质的追求使家用热水器的用途从单独供给洗澡用热水扩展到洗漱、洗衣服、做饭、拖地等日常生活用水。根据欧美国家太阳能热水器推广普及的经验分析，当居民的收入水平可以承受太阳能热水器的初期投资时，将会对太阳能热水器节能效益有充足的认识，太阳能热水器的推广将进入快车道。与欧美国家热水使用比例占家庭用水总量的90%相比，中国只占10%，可见太阳能热水器推广应用潜力巨大。据2005年4月的《中国太阳能热水器消费使用状况调查报告》显示，在中国城市家庭中，46.8%拥有电热水器，33.1%拥有燃气热水器，11.9%拥有太阳能热水器，8.2%拥有其他热水器，但在购买预期调查中，比例分别为40.6%、29.3%、22.5%、7.6%。因此，就整个热水器行业来说，大致已经形成了电热水器、燃气热水器和太阳能热水器三足鼎立的状况。除了家用太阳能热水器之外，宾馆、学校、医院等大型建筑太阳能热水工程系统市场也得到了较好的开拓，市场迅速扩大，并且可能成为太阳能热水器的主要市场。虽然市场发展势头良好，但是值得注意的是，城市与农村市场分化明显。在农村市场上，除山东、江苏、浙江等部分地区的农村太阳能普及率较高外，其余大部分省份的太阳能普及率仍然偏低。预计随着农民收入和消费水平不断提高，农村太阳能需求将有较大的增长空间，其消费增长速度将快于城市，价格为1500~2500元的太阳能热水器将走进千家万户，成为大多数中国居民重要的日常耐用品。总体上看，太阳能热水器已经得到了消费者的认可，加之国家政策的鼓励和电、煤等能源价格的上涨使太阳能热水器的使用成本优势更加明显，太阳能热水器的发展前景是十分乐观的。

　　其次，节能减排的压力日益加大，支持行业发展的政策不断出台，太阳能热水器行业发展的外部环境改善。近年来，全球气候变暖、矿物资源日益枯竭，国家和企业都面临着节能减排的巨大压力。2006年初，国务院出台了《国家中长期科学和技术发展规划纲要》，在能源主题中，要求到2020年可再生能源在能源消费中的比重将达到16%，其中太阳能热水器总集热面积达到3亿平方米。2009年，中国在哥本哈根气候变化大会上承诺"到2020年单位GDP碳排放比2005年降低40%~45%"。大力发展太阳能等可再生能源已经上升为国家战略。目前政府在推动太阳能热水器产业发展方面的主要措施有四个方面。一是出台了《可再生能源法》，其中明确规定：鼓励单位和个人安装和使用太阳能热水系统、太阳能供热采暖和制冷系统、太阳能光伏发电系统等太阳能利用系统。相关的太阳能利用系统与建筑物结合的技术经济政策和技术规范也在制定当中。房地产开发企业应当根据前款规定的技术规范，在建筑物的设计和施工中，为太阳能利用提供必要的条件。二是编制了可再生能源发展的五年规划，如在《可再生能源发展"十一五规划"》中明确太阳能产业发展的指导方针是加快太阳能热水器的普及，在太阳能利用条件良好的地区，制定城乡民用建筑安装使用太阳能热水器的强制性措施，在农村地区推广太阳房和太阳灶。三是出台了相关标准。如太阳能热水器已经基本从实验、管理、产品、品种、售后服务、安装验收等方面进行全方位的规范，构成了一个基本完善的热水器技术指标体系。与此同时，中环认证、金太阳认证、驰名商标、国家免检、中国名牌纷纷将太阳能行业纳入其中。四是一些地区出台了相应的政策。一方面是强制安装政策，如在江苏、甘肃、深圳、嘉兴、张家口等地区都明确要求 12 层以下建筑要全面推广和配置太阳能热水系统；另一方面是财政补贴政策，如在江西的赣州、新余，福建的泰宁，黑龙江的嘉荫县，邓州、义乌、邢台等地区购买太阳能热水器都能够获得一定的财政补贴。此外，2008 年国际金融危机爆发后，为了扩内需、稳增长，中央政府提出家电下乡政策，非城镇户口居民购买彩色电视、冰箱、移动电话与洗衣机四类产品，按产品售价 13% 给予补贴，最高补贴上限为电视 2000 元、冰箱 2500 元、移动电话 2000 元与洗衣机 1000 元。从2009 年 2 月 1 日起，家电下乡在原来 14 个省市的基础上推向全国，产品除之前的彩电、冰箱、手机、洗衣机之外，又新增了摩托车、电脑、热水器和空调，同样享受国家 13% 的补贴。太阳能热水器被纳入家电下乡政策的鼓励范围，有力支持了太阳能热水器行业在金融危机期间保持较快的增长。

最后，中国掌握了太阳能光热利用的核心技术。随着各项国家科研计划的实施，一批科研成果迅速转化为生产力，有力地推动了太阳能光热利用的产业化进程。太阳能热水器、太阳能采暖系统、太阳灶等产品均已经出现。目前，中国已经成为世界上最大的太阳能光热应用市场，也是世界上最大的太阳能集热器制造中心。中国太阳能光热产业之所以快速发展并且跃居世界第一，关键因素是掌握了核心技术。据统计，中国太阳能光热产业自有技术占95%以上，在太阳能集热、高温发电集成系统、采暖制冷、海水淡化、建筑节能、设备检测等方面，拥有国际领先的技术。不断的技术创新促进了中国太阳能热利用的高效能，使得企业具备了较强的技术竞争力。在短短10多年的时间里，中国的太阳能产业从无到有，并且逐步发展壮大，成为在世界上具有重大影响力的行业，取得令人瞩目的成就。

当然，太阳能热水器行业的发展仍然存在一些问题。由于行业发展门槛低，整个行业一直面临着"行业大、企业小，数量多、规模小"的尴尬格局，产业集中度不高，品牌还不够集中，进入门槛低，杂牌过多等情况并没有很好的改善。但总体上看，整个产业在这期间开始回归理性。有实力的生产企业逐步将注意力放到提高研发水平，生产高质量产品，建立良好的销售渠道，打造品牌形象，构筑核心竞争力上，积极引导行业有序发展，行业内企业的竞争格局也初步形成；政府开始逐步推动行业的规范化发展，出台相关政策指导产业发展，太阳能产品的国家标准也相继制定实施；消费者对太阳能产品的认识进一步加深，消费行为更加理性；在节能减排、保护环境的呼声日益高涨的背景下，公众对太阳能产业的关注力度空前提高，更加坚定地支持太阳能产业的发展。整个产业开始朝着一个较为稳定和有序的方向发展。

二、全面规范发展

2005年，皇明太阳能扭转了之前几年的发展停滞局面，太阳能热水器市场占有率第一，是第二名的两倍多，是行业内名副其实的领导者。作为行业的领导者，皇明太阳能仍然坚持专业化和差异化的原则。一方面，坚持专业化，专注于太阳能热水器的制造，谨慎地依靠核心技术在相关领域进行延伸拓展；另一方面，坚持差异化，注重技术研发，打造高端品牌，优化销售渠道，构筑核心竞争力。此外，皇明太阳能仍继续大力引导政府和公众关注太阳能产业，为太阳能产业的发展营造一个较好的外部环境。

（一）以光热低温应用技术为核心，向相关领域扩散

在技术研发方面，皇明太阳能一直处在行业领先地位。黄鸣认为，技术创新是影响一个企业核心竞争力的最关键因素，直接制约着企业核心竞争力的强弱。作为靠太阳能热水器起家的企业，皇明太阳能并没有局限于

太阳能热水器行业，而是敏锐地把握住整个太阳能产业未来的发展方向，成立相关的事业部，有计划地实施科研攻关项目，以保持技术上的领先优势。皇明太阳能建立了自己的研发部门——太阳能中央研究院，下设光热研究部、光电研究部、节能建筑研究部和装备研究中心，同时在生产部门还有装备制造处，负责生产工艺的改进和生产流水线的设计。

光热应用领域是皇明太阳能成立之初涉入的领域，也是其最主要的业务部门。皇明太阳能对于光热的研究应用现已不局限于低温应用领域，而且开始向中温应用、高温利用和更低温应用发展。低温是指 40~100℃，主要用于生活用水，比如一般的家庭太阳能热水器和大型建筑的太阳能热水系统属于这个领域，也是目前皇明最为主要的产品。更低温是指 20~30℃，主要应用于泳池和养殖业等，而一般的工业应用要求 100~300℃的水温，如造纸、印染等行业。这一温度区间也就是前文所说的中温，皇明太阳能预计未来 10 年中温是行业发展的主要方向，前景广阔。另外，高温领域则是 300℃以上了，可应用于太阳能光热发电，预计要更长的时间才能实现商业化应用。2006 年底，由皇明太阳能承担的国家 863 课题——碟式太阳能热发电系统，一次性发电成功，顺利通过国家科技部验收。

尽管皇明太阳能仍然专注于光热市场，但是对光电和节能建筑方面也投入了大量的研究，并且取得了一些成果。皇明太阳能引进国内外先进的太阳能光伏发电技术，成立了光电生产厂，主要生产太阳电池组件系列、太阳能照明系统（太阳能庭院灯、太阳能草坪灯、太阳能路灯）、太阳能光伏发电系统、太阳能交通灯系列、太阳能玩具系列五个类别的产品。皇明太阳能承担和建设了一些光电项目，如 2010 年上海世博零碳馆就采用了由皇明太阳能提供的太阳能集热器和光伏电池板，并且实现了智能控制和远程监控。截至 2011 年 9 月底，光热产品、光电产品占皇明太阳能营业收入的比重分别为 81.54%和 16.88%（见表 3-2）。由于光电市场仍无法在成本上与常规能源相提并论，而目前的市场也是靠政府补贴维持的，并没有真正实现大规模的商业化，所以皇明太阳能对于光电市场仍然持谨慎的态度，其策略是进行科技研发，进行技术储存，寻找时机再进军这一市场。受以德国、西班牙为代表的欧洲国家支持光伏发电的刺激，中国多晶硅及光伏组件产业出现爆发式增长，约有 18 个省计划打造光伏基地，100多个城市将太阳能列为未来发展的支柱产业。但是随着欧洲债务危机的爆

皇明太阳能集团考察

发和对光伏应用补贴力度的减少，中国光伏产业出现严重的产能过剩，尚德、赛维等光伏龙头企业深陷破产危机。这也证明了皇明太阳能对光伏产业高度重视、积极准备、谨慎进入战略的正确性。

表 3-2　皇明太阳能主要业务构成

单位：万元、%

	2008 年		2009 年		2010 年		2011 年 1~9 月	
	金额	占比	金额	占比	金额	占比	金额	占比
营业收入	158002.00	100.00	137196	100.00	186821	100.00	138443	100.00
光热产品	152936.00	96.79	124434	90.69	146085	78.20	112880	81.54
光电产品	3667.00	2.34	7965	5.80	20399	10.92	23369	16.88
温屏玻璃	961.00	0.60	2502	1.85	3041	1.63	1179	0.85
其他	438.00	0.27	2295	1.66	17296	9.26	1015	0.73
毛利润	52040.00	100.00	51118	100.00	52848	100.00	43040	100.00
光热产品	50515.00	97.07	47451	92.83	45099	85.34	41132	95.57
光电产品	1301.00	2.50	2584	5.05	3127	5.92	3985	9.26
温屏玻璃	62.70	0.12	785	1.54	519	0.98	−114	−0.26
其他	161.30	0.31	298	0.58	4103	7.76	−1963	−4.56
毛利率	32.94%		37.26%		28.29%		31.09%	
光热产品	33.03%		38.13%		30.87%		36.44%	
光电产品	35.48%		32.44%		15.33%		17.05%	
温屏玻璃	6.52%		31.37%		17.07%		−9.67%	
其他	36.83%		12.98%		23.72%		−193.40%	

资料来源：《皇明洁能控股有限公司 2012 年度第一期短期融资券募集说明书》。

　　太阳能热利用技术与建筑物相结合是未来的发展趋势，也是建筑业利用可再生能源达到建筑节能的重要途径。太阳能与建筑结合能创造低耗能、高舒适度的健康居住环境，不仅让住户家庭生活更自然、更环保，而且节能减污，对经济社会的可持续发展具有重要意义。皇明太阳能一直致力于太阳能建筑一体化解决方案的研究和拓展，在太阳能建筑一体化试点示范方面取得了累累硕果，目前已拥有天窗式、叠檐式、瓢板式、阳台式、壁挂式、脊顶式、多功能休闲亭式等 30 多种太阳能产品技术与建筑结合方案，以满足不同风格建筑的需求。为更好地推动太阳能热利用技术与建筑完美结合，皇明科研人员还开发出一系列与建筑浑然一体的"功能构件"，如集防水和管路预留于一体的功能性特制瓦，天窗式"功能一体化集热器"等。皇明太阳能热水器的结构、外形、规格可根据建筑设计的模数和要求进行变化，而且太阳能热水系统的组成、构造、设计、运行也完全融入当前建筑通用的给排水系统，实现了全天候 24 小时稳定的热水供应。此外，皇明太阳能利用三高镀膜技术，推出比普通单片玻璃节能75%以上的皇明温屏节能玻璃。按照黄鸣本人的规划，皇明太阳能要从传统的制造商转变为"现代制造业+现代服务业"的提供商，最终转变为综合解决方案提供商。

（二）注重产品质量，不断进行产品升级，坚持高端路线，打造行业优秀品牌

皇明太阳能自成立起就坚持将自己作为一个行业模范，努力塑造太阳能产业的良好形象。太阳能产业本来是一个充满生机、潜力巨大的朝阳产业，但行业内存在大量的杂牌厂商，其短期行为严重破坏了行业形象，阻碍了行业的健康发展。比如，杂牌厂商设计水平和生产工艺低下，产品质量严重不过关，遇到冬天以及阴雨天气产品基本上不能使用；同时为了将产品兜售出去，杂牌厂商和经销商夸大产品性能，在产品安装和售后服务上与消费者"捉迷藏"，欺骗消费者，逃避责任。杂牌厂商的这些短视行为以及疯狂的低价策略严重影响了产业的健康发展，大有"劣币驱逐良币"之势。对此，以皇明太阳能为代表的几个大厂商一直在坚守，努力做好产品，严把质量关，积极维护产业形象，力图将产业竞争从单纯的无序的低价竞争变成技术竞争、产品质量竞争、品牌竞争。

这期间皇明太阳能新产品的推出速度明显加快，产品升级迅速，引领着行业潮流。2005 年皇明太阳能推出了原配一体机，将太阳能热水器从一台机器上升为一个热水供应系统，机器所使用的配件全部都是标准化生产的，并打上了皇明的标识，以便公司对产品出现的问题负责到底。紧接着皇明太阳能又推出了太阳能热水机、太阳伴侣机组、中央智能热水机组以及光热光伏中央联合机组等产品。这些新产品获得了不错的市场反响，树立了行业品质标准，将其他实力弱小的小生产商挡在了行业外，推动了行业洗牌进程。皇明太阳能的这些行动，有力地提升了太阳能产品在消费者心中的形象，增加了皇明的知名度和可信度，有利于扭转行业竞争无序的局面，转而变成品牌、技术、产品和服务的竞争。

皇明太阳能一直坚持品质为根本，走高端化路线。近些年来，行业的

低价竞争让产品价格较高的皇明太阳能丧失了不少市场份额，虽然如此，产品价格较高的始终坚持着产品先"好用"才能"好卖"，甚至不惜在2004年裁退1000多名不认同该理念的员工，其中不乏一些创业元老和企业高管。仅仅让员工形成产品"好用"的思想是不够的，皇明太阳能还从很多方面对产品质量和品牌形象进行提升。例如，建立了全国检测项目最多的太阳能热水器检测中心，该中心是国家认可的实验室，出具的检测报告与国家专业检测机构出具的报告具有一样的效率。核心器件全部自己生产，关键配件实行全检，其他次要配件抽检。

（三）推动政府和公众关注太阳能产业，关注皇明发展

在产业发展的初期，皇明太阳能公司外部的主要任务是普及太阳能科普知识，进行产业启蒙教育。当市场已经发展到了一定的规模，则无序竞争是产业继续发展的威胁，皇明太阳能在公司外部的主要任务转变为增加公众和政府对产业的关注度，出台政策和标准以规范产业的发展，为企业自身的发展营造良好的外部条件。由此，皇明太阳能做出了一系列的有利于行业以及自身发展的行动。首先，助推相关的政策法规出台，规范行业发展。这期间，在全球节能减排压力增加、低碳经济不断升温的背景下，政府出台了一系列的支持太阳能等可再生能源发展的政策。另外，太阳能产品的国家标准也不断出台，其中不乏皇明参与制定、修订的标准，如2008年皇明太阳能直接起草了国家标准《家用太阳能热水系统主要部件选材通用技术条件（制定）》。2006年，黄鸣联合50多位人大代表发起提议的《可再生能源法》、皇明太阳能与中国建筑设计研究院等单位共同编制的《民用建筑太阳能热水器系统应用技术规范》正式实施。其次，开展和承办各种活动，扩大皇明的影响力，增加公众对太阳能产业的关注度。皇明太阳能参与了北京奥运会和上海世博会的一些相关场馆、工程的建设，为毛主席纪念堂安装了太阳能热水器；接待了德国、瑞典等国政府高层人物的访问参观，黄鸣还先后两次登上联合国大会的讲坛，介绍中国太阳能产业发展的经验以及皇明模式；2010年承办世界太阳城大会。最后，在全国各地建设5S店、直营店，积极开展各种体验营销活动，让消费者切身感到太阳能产品的好处。皇明太阳能特别重视消费者的体验，积极开展各种体验营销活动，比如建设中国太阳谷作为旅游地，在各地设立3G太阳能生活馆，让人们体验到高品质的生活。

2012 年，皇明太阳能推出基于"微排智慧集成系统及解决方案"
（Micro-emission Packaged Design，Me Pad）的"微排地球"战略，即世界
各地携手共建一个绿色、可持续的包括微排城市、微排农村、微排社区、
微排工厂、微排交通等在内的"微排地球"。Me Pad 凝聚了皇明太阳能对
节能减排科技、新能源产业、生活方式以及地球未来的深入思考，它既是
一整套微排集成解决方案，也是一个智能的节能管理平台。通过整合利用
以太阳能光热、太阳能光电和洁能建筑等各种洁能科技和物联网技术，对
家居、酒店、公园、工厂以及城市的各个方面进行节能改造与管理，实现
生产生活中温室气体、废气、粉尘、垃圾等的微排放甚至零排放。[1] 微排
集成解决方案的相关内容如表 3-3 所示。

在推出 Me Pad 战略前，皇明太阳能做了近 10 年准备，同时进行了大
规模的多种微排解决方案的集成应用与市场化运作，太阳谷和蔚来城是皇
明实践的样板。目前，皇明太阳能在山东德州"太阳谷"勾画出"微排地
球"战略实施的路线图，2014 年是方舟工程示范阶段，全国每个城市都
将率先建一个微排示范区，即一艘未来方舟；2020 年开始进入普及阶段，
全球主要城市开始建造未来方舟；2060 年方舟舰队步入成熟和升级阶段，
将整个地球打造成真正的绿色"微排地球"。[2] 皇明太阳能成为众多城市的
运营顾问，为天津生态园、吉林松原、内蒙古赤峰等地提供"微排城市综
合解决方案"。为了使 Me Pad 战略落地，皇明太阳能启动了"气候改善商
城"计划，拟在 5 年内实现全球接受 5 万家"气候改善商城"。所谓"气
候改善商城"主要是依托于"为了子孙的蓝天白云，实现全球能源替代"
的皇明愿景，以"微排地球"绿色革命战略为导向，荟萃皇明多元化洁能
产品的一站式商城，竭力打造世界首家质量最优、产品最全的洁能型气候
改善商城，为个人、家庭、社区、城市提供不同层次气候改善产品服务，
实现"一站式解决气候改善"，全力为人类构造绿色家园的梦想护航。气
候改善商城如表 3-4 所示。

① 孙国菲. 皇明：Me Pad 带来"微排城市"新理念 [J]. 中国品牌，2012（3）.
② 白云川. 皇明的战略转型 [J]. 中国制造业信息化，2012（14）.

表 3-3　微排智慧城镇集成及解决方案的构成、目标及主要产品

微排智慧大厦	微排智慧工厂	微排智慧城镇	微排智慧机场/港口	微排智慧学校
解决大厦智能化控制、舒适环境、采暖/制冷、建筑节能等问题	解决工厂用热水、海水淡化、干燥除湿、用电等问题	解决城镇用电、建筑节能、交通、景观和亮化等问题	解决供热水、候机室舒适环境、机场照明/美观、采暖/制冷、用电、建筑节能等问题	解决师生生活用水、采暖/制冷、建筑保暖、学生业余活动、亮化照明、校园智能化控制、隔音隔热、室内空气质量等问题

资料来源：气候改善商城网站（www.ehimin.com）。

表 3-4　气候改善商城的构成（完善新内容）

我自己 P微气候改善	我的家 纳微气候改善	我的社区 微气候改善	我的城市 小气候改善	我的星球 泛气候改善
Me Pad 微排智慧个人产品及解决方案	Me Home Pad 微排智慧家居集成及解决方案	Me Block Pad 微排智慧社区集成及解决方案	Me Town Pad 微排智慧城镇集成及解决方案	Me.P.S. 微排地球战略
玩具 户外 家居	热水 门窗 零能花园	光热系统 光热系统 节能门窗 能源设备系统 景观绿化系统	微排智慧大厦 微排智慧工厂 微排智慧城镇 微排智慧机场/港口 微排智慧学校	将经过实践并完善的未来微排城市模板大面积向全球推广复制，应对能源和环境两大全球难题

资料来源：气候改善商城网站（www.ehimin.com）。

气候改善直接地决定着人们的生活质量，因此改善要从我做起，真正做到"我的气候，我改善"。以前皇明太阳能的优势在于技术、研发和生产，但销售渠道相对薄弱。"气候改善商城"是一个全新渠道的创新，对皇明太阳能向全面方案提供商转型将是一个很大的拉动。

第四章　公司治理与组织结构

皇明太阳能自成立以来，逐步建立健全法人治理结构，形成独立完整的业务体系、面向市场自主经营的能力以及独立的供应、生产和销售系统，并将"六相宜"和"十相谐"的公司治理理念贯彻于公司治理与组织结构设置中，形成了"奖励股金准备金制度"、"部长联席制度"等公司治理特色和经验。

第一节　皇明太阳能发展历史概况

股权结构是公司治理结构的基础，公司治理结构则是股权结构的具体运行形式。不同的股权结构决定了不同的企业组织结构，从而决定了不同的企业治理结构，最终决定了企业的行为和绩效。皇明太阳能发展历史沿革如图4-1所示。

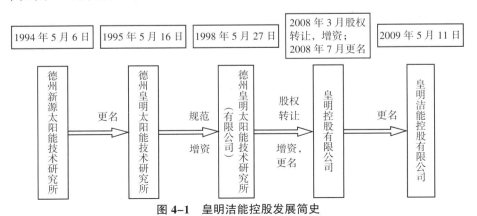

图4-1　皇明洁能控股发展简史

资料来源：作者根据有关资料编制。

皇明太阳能股份有限公司属自然人出资的私营有限责任公司，其经营范围为太阳能热水器、炉具、电源、空调及其他节能产品和配套产品的技术研究、开发、制造、经营、水暖、太阳能工程施工。1995 年 4 月 19 日，经核准，新源研究所更名为德州皇明太阳能技术研究所（以下简称"皇明研究所"）。1996 年 5 月 28 日，经核准，皇明研究所注册资本增加为 280 万元。

2008 年 7 月 3 日，德州皇明太阳能技术研究所（有限公司）名称变更为"皇明控股有限公司"。2009 年 5 月 11 日，皇明控股有限公司名称变更为"皇明洁能控股有限公司"。截至 2010 年 12 月 31 日，皇明洁能控股有限公司资产总额 338259.76 万元，净资产 129907.08 万元，2010 年实现营业收入 186820.69 万元，净利润 7495.84 万元。根据公司提供未经审计的 2011 年前三季度财务报表，截至 2011 年 9 月末，皇明洁能总资产 37.12 亿元，总负债 23.86 亿元，所有者权益 13.27 亿元，其中少数股东权益 4.13 亿元，资产负债率 64.26%；2011 年前三季度，公司实现营业收入 13.84 亿元，利润总额 0.49 亿元，净利润 0.28 亿元，经营性净现金流 6.26 亿元。

2008~2010 年末，皇明洁能控股有限公司的子公司皇明太阳能接受 Jade Dragon（Mauritius）Limited（以下简称"JD"）和 Inbright Holdings Limited（以下简称"IH"）共 6.30 亿元的投资，其中 1.90 亿元通过向原股东购买股权的方式进行，其他 4.40 亿元以增资形式进入公司；接受投资后，JD 持有皇明太阳能 14%的股权，IH 持有皇明太阳能 14%的股权。

第二节　股权结构及业务独立情况①

一、股东和股权结构

截至 2011 年 9 月 30 日，皇明洁能股东持股情况如表 4-1 所示。

---

① 本部分内容主要引自《皇明洁能控股有限公司 2012 年度第一期短期融资券募集说明书》。

表 4-1　股东持股情况

股东姓名	投资额（元）	持股比例（%）
黄鸣	47000000	94
梁美意	3000000	6
总计	50000000	100

资料来源：《皇明洁能控股有限公司 2012 年度第一期短期融资券募集说明书》。

二、公司业务独立情况

公司成立以来，按照《公司法》和公司章程规范运作，逐步建立健全法人治理结构，在业务、资产、人员、机构、财务等各方面与股东严格分开，具有独立完整的业务体系及面向市场自主经营的能力，具有独立的供应、生产和销售系统。

（一）业务独立情况

公司已建立了较为科学完整的职能部门架构，拥有独立的采购、生产和销售系统，能够独立开展业务。公司与控股股东黄鸣之间不存在影响公司业务独立性的重大关联交易。

公司独立开展自身业务，自主经营，独立对外签订协议，同时，公司拥有独立完整的管理系统、采购系统、生产系统、销售系统及配套辅助系统。公司及其控股子公司执行统一的业务管理和采购、生产、销售、服务经营体系，各项经营活动独立自主，业务的各经营环节不存在对控股股东及其他关联方的依赖。公司对原料供应商的选择实行同质比较原则，对其他零部件采购实行公开招标方式，产品的生产均在公司内部完成，产品的销售均由公司销售部门独立进行。

（二）资产独立情况

公司独立拥有生产经营所需的资产，能够以自己拥有的资产独立开展业务，独立运营；公司的资产与控股股东的资产严格分开，其权属完全归本公司所有；不存在以资产为股东提供担保，不存在资产、资金被股东占用而损害公司利益的情况。

（三）人员独立情况

发行人有独立的组织机构及各部门相应的人员。公司全部员工均与公司签订了劳动合同，公司在劳动、人事及工资管理上独立运行。

（四）机构独立情况

公司设有董事会、监事会等机构，各机构均独立于公司股东，依法行使各自职权。公司生产、办公场所与控股股东的办公机构及生产经营场所分开，不存在与控股股东混合经营、合署办公的情况。

（五）财务独立情况

公司设立了独立的财务部门，配备了专职的财务人员，已建立独立的会计核算体系；开设了独立的银行账户，不存在与股东共用银行账户的情况；公司作为独立纳税人，依法独立纳税，不存在与控股股东混合纳税的情况；公司建立了规范的财务会计制度和财务管理制度；公司没有为股东单位提供担保，也不存在将以公司名义取得的借款、授信额度转借给股东的情况；公司对所拥有资产有完全控制支配权，不存在股东占用公司资产而损害公司利益的情况。

三、皇明太阳能集团组织架构

皇明太阳能股份有限公司是皇明洁能控股有限公司的核心企业，它是由皇明太阳能集团有限公司依法整体变更设立的股份有限公司。皇明太阳能集团有限公司成立于1996年7月19日，经皇明太阳能集团有限公司董事会2009年10月28日决议，皇明太阳能集团有限公司以截至2009年8月31日的净资产867029387.79元折合为股份有限公司股本5亿元，发起设立皇明太阳能股份有限公司。2009年12月3日，山东省商务厅批准皇明太阳能集团有限公司变更为外商投资股份有限公司，注册资本50000万元。

皇明太阳能股份有限公司主营业务包括太阳能热水器等太阳能热利用产品、太阳能与建筑一体化，太阳能空调、采暖系统、海水淡化、太阳能高温热发电、太阳能干燥装置等的研究、制造及技术服务。主要产品包括家用太阳能热水器、大型建筑（宾馆、学校、医院等）太阳能热水工程系统、太阳能热发电以及其他太阳能热利用产品等。截至 2011 年 9 月 30 日, 皇明太阳能股份有限公司总资产 245566 万元, 总负债 121844 万元, 2011 年 1~9 月实现营业收入 105737 万元, 净利润 10123 万元。

皇明太阳能集团组织架构及战略格局如图 4-2 所示。

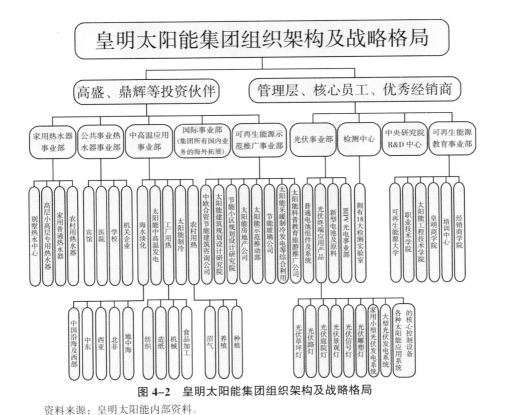

图 4-2   皇明太阳能集团组织架构及战略格局

资料来源: 皇明太阳能内部资料。

四、参股公司情况

表 4-2   公司参股公司情况

单位名称	注册地	出资金额 (万元)	控股比例 (%)
HI-NERGY CO. LTD	日本	763.41	49
HIMIN-ZED SOLAR CO.LTD	英国	124.08	49

（一）HI-NERGY CO. LTD

HI-NERGY CO. LTD 成立于 2010 年 8 月，位于日本国岩手县北上市，注册资本 500 万日元，主要从事双面受光型太阳能光伏电池片制造与销售。公司向 HI-NERGY CO. LTD（日本注册）投资 7634149.19 元，持股比例为 49%。双面受光型太阳能光伏电池片是该公司拥有独自知识产权的世界唯一的能批量生产的太阳能光伏电池片及组件产品。

（二）HIMIN-ZED SOLAR CO. LTD

HIMIN-ZED SOLAR CO. LTD 成立于 2011 年 4 月，是皇明洁能与英国 The Zed Factory Ltd 合资成立的公司，位于英国萨里郡沃灵顿市，注册资本 21 万美元，其中皇明洁能以现汇投资 21 万美元，控股比例为 49%，英国 The Zed Factory Ltd 以洁能屋顶专利技术入股，控股比例为 51%。该公司经营范围为生产、经营太阳能系列产品，对销售产品予以维修服务并研发新产品，同时对太阳能类的工程提供设计和安装服务。

第三节　皇明的公司治理

公司治理是一套监管和管理公司业务的系统。公司治理架构列明公司内各个参与者的权利和责任分布，例如董事会、经理、股东和其他利益关系者，并说明公司事务的决策规则和程序。这套系统不但提供一个架构让公司订立目标，也提供各项达致目标和监察表现的方法。随着皇明公司不断壮大，对公司治理结构的要求越来越高（见图 4-3），也必然要求有先进的公司治理理念。皇明现在属于非上市的有限公司，正准备成为上市公司。

一、"六相宜"和"十相谐"的公司治理理念

对于社会，皇明是一个追求相关主体利益和谐完美、顺天应时、关爱贫弱、具有高度责任感的企业；对于国家，皇明是一个"以绿色能源强盛中国"为己任的民族企业；对于自身，皇明争做一个永续发展的百年老字

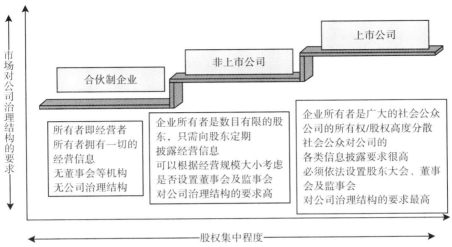

图 4-3　企业的发展对公司治理结构的要求越来越高

资料来源：根据有关资料绘制。

号。皇明文化中有"六相宜"和"十相谐"的企业和谐理论。"六相宜"是指企业、股东、员工、客户（销售商、消费者）、协作商、国家的利益一致，"十相谐"是指企业与社会、企业与同业、企业与自然、企业局部与整体、企业的长期与短期利益、企业的理想与现实、企业文化与传统文化、企业文化与国外文化、企业运营与发达地区市场理念、企业员工之间保持和谐统一的关系。"六相宜"和"十相谐"存在统一关系。企业实现了"六相宜"和"十相谐"，就能实现各方利益的共赢，如图 4-4 所示。

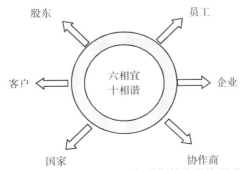

图 4-4　"六相宜"和"十相谐"的公司治理理念

注："十相谐"未在图中显示。

资料来源：皇明太阳能内部资料。

（一）企业与员工：唇齿相依，同舟共济

员工为企业服务，尽职尽责、团结协作、创新工作、认同企业使命。使企业获得最大化发展，是员工应尽的义务。企业由员工组成，企业的发展离不开员工，必须感恩员工。首先，企业要保障员工的基本物质需求，能够维持个人和家庭的生活。其次，员工在企业工作，应得到培训和锻炼，有发挥的平台，能不断提高。企业不仅要从物质上感谢员工，而且应在精神上让员工有安全感和愉悦感。最后，员工在企业做事，难免会有泄劲或枯燥的时候，只有当一个人有信念的时候，才会有用不完的劲，才会感觉生活得有滋有味，这要求企业能给员工带来共同的信念，使员工能做一个有信念、有灵魂的人。企业要让员工成为"精神贵族"，这才能真正体现员工的价值。

（二）企业与股东：食之俸禄，为之增值

股东投资企业，是为了获得资本回报。企业经营者必须赚取相当的利润，必须创新研发、扩大再生产，必须为逆境积累储备金，必须支付犯错的代价，必须实现新的构想。这些事情都做好了，股东得到公平的报偿后，企业才有权得到报酬。企业尽了义务，承担了责任，应该得到相应的回报。

（三）企业与客户（销售商、消费者）：销售商是战略伙伴，消费者是衣食父母

企业应时刻以客户利益为重，以顾客为中心，以市场为导向。销售商把产品卖给消费者，是通向终端的桥梁。销售商是企业的第一个用户，必须赚取公平的利润。他们的订单需迅速而精确地完成，企业必须为销售商扩大销量、增加利润而服务。销售商的利润必须是合理的，利润过高会影响到消费者的利益。销售商还是企业的战略伙伴，与企业风雨同舟，企业必须像对待员工一样，为销售商提供培训，给销售商以指引，提升他们的能力，帮助他们树立远大的目标，使他们可持续发展。

消费者是产品的使用者，是企业利润的来源，消费者的需求是企业研发的向导，消费者可以说是企业的衣食父母。企业要感恩消费者，让消费者买到等值的产品，还要为消费者提供尽可能好的服务。例如，产品定价

要合理，价格过高，会多赚消费者的钱；价格过低，企业会缺少用于研发、培训等方面的资金，影响到将来对消费者的服务，这是对消费者不负责的表现。皇明的宗旨是让消费者花更少的钱买更高价值的产品。另外，太阳能热水器只是一个半成品，企业实际卖的应该是热水，企业能够方便、安全可靠、物有所值地长期为消费者提供热水，才能满足消费者的需求。企业在中间过程的促销、安装、售后等都是企业对消费者的服务。

（四）企业与协作商：等值交换，以诚并进

企业与原材供应商、加工商、管理咨询商、印刷商、广告合作商等协作商，通过劳动、智力、物资等进行价值交换，因合作而形成长期的利益关系。企业与协作商之间应该遵循市场规律，等值交换，互惠互利，要以诚为本，着眼于战略合作，相互提携，并肩发展，共同提高。

（五）企业与国家：一荣俱荣，一损俱损

国家稳定、发展了，企业才能兴旺，人们才能安居乐业、幸福生活，个人才能实现最大价值。国家是企业生存的土壤，企业必须依法纳税，合法经营，回报国家，国家才能进一步繁荣、富强、稳定，从而给企业以更大的保障。

二、组织结构

如图4-5所示，目前公司治理结构、管理架构较为完善，内控制度较为健全。依据《公司法》和公司章程，公司建立了完善的法人治理结构，制定了股东会（权力决策机构）、董事会（日常决策机构）、监事（监督机构）和经理层（执行机构）四个决策管理机构。董事会对内部控制的建立、完善和有效运行负责。高管人员负责执行董事会决议，高管人员和董事会之间权责关系明晰。公司将内控制度的监督检查融入了日常工作，并加强各个部门对内控制度的学习和了解，适应公司管理和发展的需要，有效保证了公司生产经营任务和各项计划的顺利完成。

组织结构是组织内相对稳定的职责、任务和人员的安排和划分，是管理者设计的、用以分配任务、配置资源和协调部门关系的框架。组织结构提供了一个使信息能有效地从使其生成的人员和部门流向需要它的人员和部门的途径。同时，也清晰地说明了企业的决策权，即能使每个人都清楚

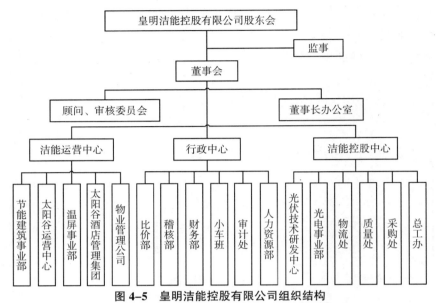

图4-5 皇明洁能控股有限公司组织结构

资料来源：《皇明洁能控股有限公司2012年度第一期短期融资券募集说明书》。

谁该负责生成某项特殊信息，而谁被准许根据这项信息去行动。皇明的组织结构确保两项基本职能：确保控制、协调所有层级上的信息、决策和员工活动。随着皇明公司的不断发展，这两项职能也日趋复杂，皇明也根据其战略相应地调整其组织结构。组织机构包括四个基本的类型：职能型、事业部型、矩阵型和网络型。而现在皇明的组织结构基本属于事业部型，在董事会和分委员会下有三大中心：洁能运营中心、行政中心和洁能控股中心。

自2007年以来，皇明的增长率逐渐下滑，已经不到20%，远远低于行业30%的增长率。在这样的形势下，皇明的战略做了调整：非核心业务外包、异地建厂、成立工贸公司，逐步加强工程产品占比，做绿色建筑能源服务提供商，由产品盈利转向服务盈利，同时加强信息化的建设，促使企业由产品制造向服务转型。

三、治理机制

公司根据《公司法》以及国家有关的法律、法规和政策规定，制定了《皇明洁能控股有限公司章程》。并根据国家有关法律、法规的规定和公司特点，建立了一套较为完善的内部控制制度体系。按照公司治理的要求，皇明洁能建立了股东会（权力决策机构）、董事会（日常决策机构）、监事（监督机构）、经理层（执行机构）四个决策管理机构。董事会对内部控制的建立、完善和有效运行负责。

（一）股东会

股东会是公司的权力机构，依法行使下列职权：

（1）决定公司的经营方针和投资计划；

（2）任命董事、监事，决定有关董事、监事的报酬事项；

（3）审议批准董事会的报告；

（4）审议批准监事会报告；

（5）审议批准公司的年度财务预算方案、决算方案；

（6）审议批准公司的利润分配方案和弥补亏损方案；

（7）对公司增加或者减少注册资本作出决议；

（8）对发行公司债券作出决议；

（9）对公司合并、分立、解散、清算或者变更公司形式作出决议；

（10）修改章程。

（二）董事会

公司设董事会，董事会由 3 名董事组成，由股东会选举产生。董事会行使下列职权：

（1）召集股东会，并向股东会报告工作；

（2）执行股东会的决议；

（3）审定公司的经营计划和投资方案；

（4）制订公司的年度财务预算方案、决算方案；

（5）制订公司的利润分配方案和弥补亏损方案；

（6）制订公司增加或者减少注册资本以及发行公司债券的方案；

（7）制订公司合并、分立、变更公司形式、解散的方案；

（8）决定公司内部管理机构的设置；

（9）聘任或者解聘公司经理及其报酬事项，并根据经理的提名决定聘任或者解聘公司副经理、财务负责人及其报酬事项；

（10）制定公司的基本管理制度。

（三）监事

公司不设监事会，设监事 1 名，由股东会选举产生。监事行使下列职权：

（1）检查公司财务；

（2）对董事、高级管理人员执行公司职务的行为进行监督，对违反法律、行政法规、公司章程或者股东会决议的董事、高级管理人员提出罢免的建议；

（3）当董事、高级管理人员的行为损害公司的利益时，要求董事、高级管理人员予以纠正；

（4）向股东大会提出提案；

（5）依照《公司法》第一百五十二条的规定，对董事、高级管理人员提起诉讼。

四、内控制度体系

公司拥有独立的会计机构，对财务、经营计划预算、资产、利润、稽核、会计、会计账表的标准、会计审核、会计账簿的保管和会计档案的处理等内控环节均按各项制度严格执行，保证财务管理工作的规范化和科学化。公司设立有审计部门，配备了专职审计工作人员，制定了审计工作规范，内部稽核、内控体制完备、有效。公司设立了完善的财务体系，保证会计记录和会计信息的真实性、准确性和及时性。

（一）财务管理制度

公司依据《中华人民共和国会计法》、《企业会计准则》、《企业内部控制基本规范》等法规，制定了适合公司的会计核算制度和内部控制规程，并建立了相应的内部会计基础规范，包括人员岗位操作规范、账务处理程序和制度、内部牵制制度、内部稽核制度、原始凭证管理制度、财产清查制度、财务收支审批制度以及档案管理标准等。公司制定了严格的会计核算时限和衔接流程。

（二）资金管理制度

公司建立了严格的银行账户管理规定，对货币资金收支和保管业务均建立了严格的授权批准制度，确保办理货币资金业务的不相容岗位相互分离。公司所有重大筹资活动均按管理程序进行，确定筹资规模和筹资结构、选择筹资方式及降低资金成本方案均有严格的审批流程、权限以及决策程序。公司筹措资金的使用均按规定的用途合理、合规使用，并向监管部门及时披露有关信息。公司对销售收款建立了严格的流程，实现及时回款。公司有价证券、票据及印章的管理均有严格制度，相应的岗位职责可以相互有效监督并牵制。

（三）预算管理制度

公司制定《预算操作管理办法》，实行全面预算管理制度。公司依据发展战略目标，确定年度经营目标，对公司内部各个经济单位，对本部门的所有费用支出实行事前预算管理，通过一系列的预算、控制、协调、考核，将各个单位经营目标同公司战略发展目标联系起来。

（四）控股子公司管理制度

公司对控股子公司和具有重大影响的参股公司实施重点管理控制。通过严格执行投资立项程序，完善被投资企业的公司治理，建立董事、监事、高管委派制，重大经营及财务数据报告等制度，及时准确掌握投资企业动态。公司通过投资企业董事会，按法定程序对其实施影响，促进公司与投资企业的合作。

（五）关联交易制度

发行人制定了《关联交易决策制度》，公司在确认关联关系和处理关联交易时，应遵循并贯彻以下原则：尽量避免或减少与关联人之间的关联交易；公司与关联人之间的关联交易应签订书面协议；关联交易活动应遵循商业原则，关联交易的价格原则上应不偏离市场独立第三方的价格或收费的标准；对于必须发生的关联交易，应切实履行信息披露的有关规定。

（六）担保管理制度

为加强公司担保业务管理，规避风险，促进公司规范运作，保护投资者合法权益，公司制定了《皇明洁能控股有限公司担保管理制度》。根据制度规定公司对外不提供任何经济担保，集团内部子公司需担保由公司统一安排，财务部门组织实施。集团内部成员之间相互提供担保的，需报董事会审批。

（七）对外投融资制度

为加强公司内部管理，规避风险，提高经济效益，促进公司规范运作，保护投资者合法权益，公司制定了《皇明洁能控股有限公司投融资管理制度》，以规范集团对内、对外的投融资及资产项目的管理决策。制度规定，公司所有对外投资必须经股东会批准后方可实施；银行贷款等间接类融资股东会授权董事会予以批准办理，其他融资由股东会批准后办理。

（八）人员管理控制

公司对所需从业人员有严格的资格控制和系统培训。各类一线人员和管理人员均有相应的岗位资格管理制度。公司对于各层级管理人员加强了管理技能提升方面的各类培训，包括外送的培训、公司与专业培训机构合作的管理类培训等。公司明确绩效管理与员工的职业发展、培训、薪酬等安排密切相关，所有员工的绩效结果由公司人力资源部备案。

（九）物资采购管理制度

发行人为规范物资采购程序，加强内部控制，制定《皇明洁能控股有限公司物资采购管理制度》。明确规定了生产经营所需的原料及主要材料、辅助材料、包装物、低值易耗品以及固定资产购置的采购要求、采购流程、进货验收及入账付款程序等。

（十）安全生产保卫工作制度

发行人制定了《皇明洁能控股有限公司安全生产、保卫工作制度》，以维护正常的生产秩序、工作秩序，确保财产安全和生产安全。制度内容包括安全生产责任制、安全生产教育、安全生产检查、安全生产事故责任追究、治安保卫、用电安全管理规定、消防安全管理、特种设备的管理规定等。

第四节　皇明公司治理特色和经验

一、较早实施员工持股计划

1996年，皇明太阳能推行的"奖励股金准备金制度"，这也是皇明公司治理的经典之笔。从公司治理的角度来看，关键是如何处理人力资本与货币资本之间的关系问题。具体而言，要让公司的职业经理人们能够以公司长期投资者的心态而非投机主义的心态去工作，确保公司资产增值，而不是只追求他们自己的利益最大化，侵害公司的长期利益。皇明太阳能推行的"奖励股金准备金制度"具体做法如下：根据绩效考核，员工每年年终奖金采取一半现金，一半股金准备金的方式。这部分股金准备金可以累计，每半年付一次利息，每5年可以提一次现，其间不能提现。企业一旦上市，股金准备金可以兑换为企业原始股，以此为基数，公司再赠予相同数额的原始股份，自己还有权认购相同数量的原始股。例如，一位员工累计持有100万元股金准备金，则企业进入上市程序后，他要获得价值300万元的原始股份，只需要支付100万元的现金。而这笔原始股份在上市后，价值将以千万元计。这项计划具有很强的推动力，此中的关键是，此计划的基础是与业绩挂钩的年终奖金。随着上市步伐的加快，皇明人铆足了劲争创佳绩，同时员工手中的原始股基数也在加大。正如黄鸣所说的："我从没赶着管理层跑，但他们的成绩老是超过我的预期。"例如在2006年销售额同比增长50%，利润增长1倍多。

二、逐步健全以绩效管理为核心的激励约束机制

公司激励约束机制重视绩效管理。公司建立了有效的绩效管理体系，制定了《绩效评价管理办法》，确保提升公司竞争力以及战略目标的实现。公司将战略目标、发展规划、年度预算转化为主要经济技术指标、成本指标、设备管理评价、质量管理评价、生产运营效率评审、管理创新、技术创新、能源环保管理评价、安全管理、班子、队伍、文化建设、审计监督等绩效评价指标，按照可控性、可衡量、挑战性、透明度、可行性五个原

则，对绩效评价指标进行确认。较完善的激励约束机制有利于充分调动员工积极性，提高企业经营效率。

三、公司经理决策机制——部长联席制度

当企业长大以后，必须实行所有权和经营权分离，仅靠一个人的智慧和精力风险太大，要靠组织能力和系统支持。正如黄鸣所说："我退出总裁的位置，实际上不是让出总经理的位置，而是把个人的作用与影响力让位于现代企业管理制度。"部长会议最早在1998年启动，中间有所中断。2008年重启"部长联席制度"，主要是为了避免信息传递和决策失灵风险、不民主、独裁等问题。皇明太阳能原来的部长会议有一个固定主席，后来改成轮流当轮值主席，但主席也可能发生独裁，后来就叫轮值CEO三人小组；后来又变成了三加一加一，加的第一个是前任轮值CEO，另外加的一个是下任的CEO，这是董事局领导下的最高经营决策机构，决策下面的执行叫CEO小组，CEO小组组长又是召集人，由这些小组长负责执行。黄鸣认为找CEO一般是找比较强势的有能力的，但如果老板总是指导他、总把关他会很难受；如果老板不把关很可能他会偏斜，对一个人纠偏有时候很难，他可以阳奉阴违，时间上拖拉。只有把思想做通了，行动上才会完全执行。做通工作需要谈话，一次两次可以，但总这样做不行。在战略导向等各方面，他们还是比老板差不少，但是有很强烈的想脱离的愿望，如同孩子脱离父母的管制，这是人性的一面，但反映在管理中、经营中，风险极大。董事长跟董事局经常沟通有重大的变革和传达董事局命令的时候，大家马上机灵起来了，因为这个董事局的命令不是给一个人的，而是给部长会议的，而原来的管理体系，董事局的命令可能就是给CEO的，CEO再执行时就拐弯了。

四、通过产权改造，突破技术壁垒

随着皇明公司实力的逐渐壮大，市场上出现了很多竞争对手，公司想发展，必须获得技术优势。例如在1996年底，皇明太阳能与当时在太阳能热水器领域处于技术领先地位的清华大学合资建立了"皇明太阳能热水器厂"，清华大学以无形资产参股20%。皇明太阳能可以使用当时国内最先进的技术，生产工艺也由原来的全手工转变为半自动，这在当地引起了巨大的轰动。当地领导认为这是一个促进地区经济发展、提高当地知名

度、创造政绩的机会，于是由政府牵头，企业获得了扩大规模的第一笔贷款，计委的投资公司参股15%。与此同时，区政府同意以分期分批付款的方式，将开发区闲置的厂房给皇明太阳能使用，公司生产规模迅速扩大。1997年底，皇明太阳能在山东省的销售网络初步建成，黄鸣又相继贷款8000余万元，继续扩大厂区建设、购买新设备、扩招工人，抢占市场，从而把公司建成为国内规模最大的太阳能热水器生产基地之一。有了资金、技术和厂房做后盾，皇明太阳能在对外谈判时就更有发言权了。他们与经销商之间现款现货的关系也转变为经销商交预付款的方式。他们与原料供货商的关系也由原来的皇明太阳能交现金转变为供销商先供货。同时皇明太阳能加大资金的控制力度，要求各地经销商直接把款汇到公司总部。在这里，银行信用与商业信用的互相拉动作用得到了初步的体现，公司通过对资本产权的运作治理，实现了对技术壁垒的突破。

第五章 技术创新体系

"自主创新是在创新主体控制下，获得自主知识产权或核心技术的创新"，自主创新是企业培育自身的可持续创新能力，主动开发利用各层面创新资源进行有效创新的活动。内涵主要包括"自主是前提，创新是要害，知识产权是关键，创新能力是核心"。[①]皇明太阳能的创业发展历程正是一个不断突破自身极限，识别市场机会，整合资源，自主创新，创新价值，不断追求不平凡的可持续发展目标和实现持续竞争力的过程。正如黄鸣所说："太阳能产业对于我们来讲是一片荒漠，什么都没有，所以我们得找一片荒漠进行勘探、打基础、建房子。"太阳能热利用既不能从国外进口全套产业体系，也不能在国内找到参考样板，都需要自己设计、创造和改进，这是完全的自我创新。"创新对于皇明就是可持续发展的生命。"

第一节 皇明的技术领先地位

自黄鸣研制成功第一台太阳能热水器开始，技术创新便融入皇明太阳能的基因。从太阳能热水器在我国诞生至今，皇明太阳能一直在引领行业的技术变革，先后经历了四个阶段：第一阶段——非标太阳能热水器，由生产厂家提供裸机（低标准、无检测条件），配件由经销商在市面自行采购，未经过专业设计、制造和检测，无安全保障，与主机工作环境、寿命不匹配，极易造成冻堵、流黄水、冷水泛滥、热水泛滥等安全隐患；第二阶段——1G 标准原配一体机，从主机到配件均由厂家统一提供，经过检测技术中心严格检测；第三阶段——2G 标准原装机组，可以提供一整套

---

① 综合傅家骥、陈劲、吴贵生等学者的对自主创新的定义。

热水系统，强调功能，满足消费者多种热水需求；第四阶段——3G 太阳能热水机组，这是一种安全、健康、舒适的全新热水生活方式，是现代家庭高品质美好生活的重要元素（宋佳楠）。

　　皇明太阳能自 1995 年成立以来，在不到 20 年的时间里，先后承担和参加了国家"863"项目、国家科技攻关计划、国家"火炬计划"等数十项国家级项目，取得各类专利 1200 多件，掌控着掌干涉镀膜、高温热发电、海水淡化等核心技术，建立了从核心技术、生产设备、工艺工装、检测控制、作业文件等一整套太阳能热利用产品工业化生产体系，自主知识产权率达到 95% 以上。其中包括皇明自行设计、具有自主知识产权的世界首条真空管自动化流水生产线，为太阳能热水器的自动化、标准化和大规模生产打下了基础；还包括全球规模最大、检测项目最全、检测标准最高、检测设备最先进的检测技术中心，保障了太阳能热水器的高品质（黄鸣）。皇明不仅是中国太阳能产业化的启动者，而且成为中国太阳能热利用标准的制定者和太阳能热利用行业发展的领导者，相继创造了太阳能热水器行业的多个第一：成功研制了我国第一台螺栓连接组合式太阳能热水器；自主研发成功世界第一条全自动真空管清洗线；世界第一条全自动真空管镀膜线；世界第一条全自动真空管排气线；首提"名车概念"造全新太阳能，解决了太阳能不上档次的难题；第一款以冬天为标准设计的太阳能，解决了太阳能冬天不好用的难题；第一款智能化太阳能，解决了洗浴舒适难题；最先提出原配一体机，解决热水传输到家难题；第一款"无后患"太阳能，解决了太阳能隐患难题；设计制造出全新一代微电脑控制"太阳伴侣"、"三高"太阳能热水器。从 2005 年开始，皇明太阳能又从太阳能热水器生产转向温屏玻璃、太阳能光电照明、太阳能与建筑一体化等新的技术领域。皇明是如何跨越从基础性的研究、发明，到初建创新企业，再到大规模产业化之间的鸿沟："死亡之谷"和"达尔文之海"，成功实现可持续发展，已成为各界关注的焦点和热点。

第二节　皇明的自主创新何以成功

　　在知识经济的时代，企业只有拥有强大的技术研发能力，才能在激烈的市场竞争中把握先机、赢得主动。如果企业组织的技术研发能力不足，一味地依赖技术引进，则很难摆脱被动落后的局面；而且很多核心技术、关键技术是轻易买不来的，必须依靠自主研发。同时，创新实践和理论研究也表明，导致企业迅速成长的原因并非单纯的技术发明，更不是科学发现，科技优势并不必然地转变为经济优势。皇明太阳能的成功实践表明，企业要取得市场竞争中的成功，一方面要重视科学研究和技术开发，另一方面在从事科学研究和技术开发的同时还要考虑市场的需求。创新过程中存在着三个相互关联的要素：市场需求、创新主体（包括企业、个人等）、创新的企业和社会基础（包括人才、知识、制度、文化等）。

一、具有创新精神的企业家引领

黄鸣是皇明乃至中国太阳能热利用的领军人物，而他为了子孙的蓝天白云，不懈追求太阳能造福人类子孙的理想，成为他正确识别市场机会的原动力。创业活动因其机会导向、不拘泥于资源约束条件下的快速行动、富于创新并积极承担风险等本质特点而不同于常规的企业经营活动。工程师的创业必然要求其充分发挥其技术优势，而弥补在对市场把握方面可能过于"程式化"思维的劣势。

1978年，黄鸣考上中国石油大学，而教授告诉他世界石油只够用50年，中国的时间更短！黄鸣1982年毕业于中国石油大学。同年在地矿部德州石油钻探技术研究所参加工作，成为一名优秀的石油机械工程师。1987年，他在图书馆看到美国学者J.A.达菲和W.A.贝克曼写的《太阳能—热能转换过程》。这本被称作"太阳能产业圣经"的书，不仅详细介绍了整个太阳能利用的理论体系，而且把太阳能利用设备的设计、制造、材料等都写得非常详细，这唤起了他对太阳能实际热利用的兴趣，并开始动手研制安装。1995年他辞职创办皇明太阳能有限公司。正是这位敢于将梦想付诸行动和能够将理论转化为产品的工程师，成就了现在的皇明太阳能热利用的完整的工业化体系。后来黄鸣自己动手研制安装，解决设计、制造、安装、维修问题，同时对产品性能、用户的需求进行深入了解，仅他本人参与的太阳能热利用方面的专利就有500多项，其中作为主要发明人参与的发明专利有50多项。

黄鸣具有坚韧不拔、勇于创新的精神。他自评和乔布斯的共同点是：一样执着于技术创新、敢于坚持做自己认定的事，也一样大胆说真话。例如黄鸣主动退出总裁位置时说："不当总裁，是为了突破企业发展的瓶颈"，"是过去成功的经验束缚了自己，反而失去了创新。"黄鸣善于在创业实践中进行深入学习和思考，逐步形成其在企业管理、创新、人才、创业等方面自己的一套理论体系，为企业整合各种资源、克服困难、应对危机、实现太阳能热利用梦想提供强有力的思想指导。例如"皇明环境—利润流创新模式"、自主创新"势能桶"和核心技术的"马赛克"理论等，都蕴含了他对皇明自主创新实践经验智慧思维。在 2000 年的中美可再生能源发展论坛上，由于对太阳能产业化的贡献，黄鸣得到"太阳王"的称号。正如竞争对手日出东方的董事长徐建新对黄鸣的评价是："中国的太阳能光热产业完全是民族自己创新干出来的，他（黄鸣）为整个行业的发展做出了重要的贡献。"

二、出色的消费者启蒙工作

皇明太阳能 1997 年起先后启动了"太阳能科普万里行"、"太阳能售后服务万里行"和"百城环保行"等活动，并且每年在全国各地数千个市、县、镇，举办数万场次集太阳能科普展示、销售、服务咨询于一体的绿色风暴活动，使很多消费者认知和接受了太阳能，为太阳能热利用产品的商品化创造了条件。"我们用长征的精神开始了'万里卖太阳'的旅程！"黄鸣如此总结了皇明太阳能市场开拓的历史。1996 年创办《太阳能科普报》，到现在累计发行约 3 亿份。2005 年 6 月，皇明太阳能建成了中国首座大型太阳能博物科技馆，免费对社会开放，被国家列为科普教育基地。皇明太阳能用 10 多年的时间，推广太阳能集热器达到 2000 万平方米，节能折合标准煤 4600 多万吨，相当于 10 个中型煤矿的年产量，减少相应污染物排放 4000 多万吨。皇明科普万里行活动有力地启蒙了中国太阳能市场，探索出了适合中国国情的太阳能推广普及路子，催生了一个富有强劲竞争力和巨大潜力的太阳能产业。2012 年 6 月 6 日，皇明太阳能启动"重走长征路"科普万里行活动，将重点放在了改变人们的环保意识和节能生活方式上。

后来，黄鸣关注的目标更加远大，梦想的版图也在不断扩展。2003 年 3 月，黄鸣以第十届全国人大代表身份，联合 56 位代表，向大会提交了"建议制定可再生能源法"的议案。在前往北京参会的列车上，黄鸣把《太阳能强盛中国》的小册子发给每位与会的山东代表，对他们说："我一不宣传企业，二不宣传产品，只宣传太阳能这个可再生能源。"黄鸣总能找到机会见缝插针地宣传太阳能之梦，同时也不断解决着产业化发展道路上的难题，"道路没扫清的时候，再伟大的梦想也不能实现。"两年后，《中华人民共和国可再生能源法》正式通过。其后，黄鸣根据太阳能产业发展中出现的实际问题，不断建言修改完善这项法案。2004年7月，黄鸣书写《G能源替代绿皮书》，提出要在"十年内把燃气、电热水器赶出市场"。两年后，黄鸣结合当时世界能源现状，制定了非官方的可再生能源替代倒计时纪年表。根据这项远大的纪年表，到2060年，太阳能替代常规能源将达到50%。2010年耗资13亿元建成的"世界未来之谷"——"太阳谷"，其功能定位之一是世界级可再生能源的科普教育示范中心。

三、逐步引领国内乃至世界太阳能光热行业技术标准

产品创新、技术创新的最高境界就是掌握标准。只有向高标准瞄准，才能走出同质竞争的恶性循环，成为行业的领头羊。例如皇明产品的高标准是"好用"而不是"好卖"；又例如皇明太阳能提出用名车标准打造"太阳能热水器"。标准引领的背后是对行业的清醒认识。对每一个渴求经济效益的企业来说要抓住需求，引领潮流，培育市场，进而成为行业标准，这正是皇明太阳能所追求的创新境界。

皇明太阳能成为中国太阳能热利用标准的制定者。皇明检测技术中心，成立于1997年10月，目前已发展成18大实验室，拥有从原材料、配件到整机检测的1300余项检测项目。2009年1月，中心通过了中国合格评定国家认可委员会（CNAS）的认可，成为国家承认的实验室，其出具的检测报告与国家专业检测机构出具的报告具有同样效力，并得到美国、英国、澳大利亚、德国、日本等45个主要贸易国家的承认。公司为行业标准的制定提供依据和参照。作为行业内的领先企业，公司全程参与了中国太阳能热利用行业标准中部分标准的制定。太阳能热利用行业的国家标准有20部，公司最近几年主持和参加制定的太阳能有关国家标准达到15部，使得公司在未来竞争中处于有利地位。公司最近几年主持和参加制定的太阳能有关标准如表5-1所示。

表 5-1　公司主持和参加的太阳能相关标准

序号	标准名称
1	GB/T17049—2005《全玻璃真空太阳集热器》
2	GB50364—2005《民用建筑太阳能热水系统应用规范》
3	山东省地方标准 DBJT14-2—2005《太阳能热水器安装与建筑构造》
4	天津地方标准 DBJT29-18—2005《民用建筑太阳能热水系统设计与安装》
5	河北省地方标准 DBJT02-48—2006《民用建筑太阳能热水系统设计与安装》
6	NY/T759—2003《承压式家用太阳能热水器技术条件》
7	参加国家集热器标准 GB/T4271—2007《太阳集热器热性能试验》
8	负责起草国标 GB/T17581《真空管型太阳集热器技术条件》
9	GB/T6424《平板型太阳集热器技术条件》
10	GB/T18974—2003《太阳集热器热性能室内试验方法》
11	国标《太阳能集热系统及设备安装》
12	国标《太阳能集中热水系统选用与安装》
13	2007 年主持编制《家用太阳热水系统主要部件选材通用技术条件》
14	参与 GB4706.12《家用和类似用途电器的安全储水式热水器的特殊要求》标准修订
15	参与"带辅助热源的家用太阳热水系统"国家标准的制定工作

资料来源：根据公司提供资料和公开资料整理。

专栏 5-1

皇明太阳能检测中心拥有的 18 大实验室

1. 太阳能热水器整机检测室
2. 太阳热水器抗冻试验室
3. 模拟气候试验室
4. 真空管检测室
5. 管阀试验室
6. 保温材料性能检测室
7. 电子检测室
8. 化学检测室
9. 太阳能灯具检测室
10. 温屏玻璃检测室
11. 远程监控室
12. 光学检测室
13. 光伏系统检测室
14. 物理检测室
15. 计量检测室
16. 包装箱检测室
17. 金相分析检测室
18. 光谱分析检测室

皇明太阳能引领太阳能热水器主流技术和标准的发展。2004 年，皇明

太阳能在产业内提出了"家庭热水中心"的概念，并将小型集热管生产线彻底淘汰，推出了大型集热管和以大型集热管为基础、具有"热水中心"概念的大型太阳能热水器产品。针对热水器在阴雨天和冬天水温不高、无法使用的问题，皇明太阳能把太阳能高温热发电技术应用于家用热水系统，开发出内聚光膜式真空管，这种真空管弥补了传统真空管只有向阳面吸热的缺陷，背面也能聚光吸热，实现立体集热。并且从设计、工艺、生产、检测、安装等各个环节进行突破，解决了太阳能冬天水不热、管路易冻堵等难题和隐患。皇明太阳能运用专利干涉镀膜技术生产出的"三高管"、"四高管"、UTLE极地超寒管，独家掌控高温热发电核心部件——镀膜钢管的生产技术，引领世界太阳能热利用行业发展潮流。

四、本土资源和市场的有力支撑

从中国经济发展大环境看，我国已经发展到工业化的中期阶段，虽然我国还不是工业强国，但已经从一个农业经济大国转变为一个工业经济大国，已经具备一定的技术、人才和工业基础，尤其是家电、机械制造产业也已开始走向成熟。皇明太阳能早在十几年前就独创了一条全机械化、模具化、严格规范化的太阳能热水器生产线雏形，率先走出了手工作坊生产，形成了现代化生产工艺。皇明太阳能以"拿来主义"和"实用主义"相结合的方法，大胆借鉴外行业尤其是彩电、冰箱等家电业最先进的工艺、设备和生产模式，集中自身科研力量进行整合研究，投入巨资进行技术改造，最终研制成功了世界先进水平的机械化、自动化、规模化太阳能热水器流水生产线，从而依靠中国人自己的力量，完成了一条民族工业的"家电化"太阳能生产线。不仅成为国内制造业杀出的"黑马"，同时，在西方发达国家几乎是空白的条件下，开创了发展中国家独立高起点研制成功大件家用耐用品现代化生产线的先例。

政府、消费者的环保和可持续发展意识不断增强，也导致人才、技术资源逐步向太阳能等可再生能源领域汇集。中国没有像一些发达国家那样拨出专用的资金去补贴太阳能热水器产业。10多年前，中国几乎没有多少人知道太阳能，而现在中国有几千万的家庭使用了太阳能。这其中，皇明太阳能用科普启蒙的方法让中国人了解了太阳能。"为了蓝天白云您可以不用皇明，但是您应该用太阳能"，这句话已成为皇明太阳能科普的经典。

在整个行业，太阳能热水器因与人民的日常生活密切相关，产品具有环保、节能、安全、经济等典型特点，同时顺应国家可再生能源发展，节能减排战略等政策导向，成为我国太阳能热利用的"先锋"并迅速发展成为"主力军"。截至 2011 年，国内太阳能热利用产业生产太阳能集热器 5760 万平方米，中国成为世界上最大太阳能热水器生产和消费国，实现了保有量从 10 年前不到 5000 万平方米发展到今天的 2 亿多平方米，市场产值达到千亿元规模。即使如此，我国太阳能热水器市场还远没有开发出来，热水器的用户比例只有 3%，与发达国家还存在很大差距。随着国家"十二五"规划与十八大中新能源战略规划的实施，太阳能光热行业面临更广阔的发展机遇。

五、对人才的高度重视和资金的充足保障

企业的自主创新之路，需要有强大的人力与财力的鼎力支持。在人才方面，皇明太阳能力邀享有"世界镀膜王"美誉的悉尼大学章其初博士加盟，正是在章其初博士的带领下，皇明构建了完整的科技人员引进、培训、提升体系，皇明研究院也成为了国内外最全、最先进、最庞大、成就最多的太阳能科研机构，拥有 30 多位太阳能行业顶尖水平的科学家团队和超过 360 人的研究团队。充足的经费使科研如鱼得水、如虎添翼，每年有 500 多项新技术转化为生产力，很大一部分是全球领先或独有的新技术、新产品，填补了很多国内外空白，掌控了决定产业成败的核心技术。在太阳能高温发电集热钢管项目上，皇明先后投入 5000 万元研发经费；在太阳能高温发电中试项目上，皇明更是投入了 1 亿元巨资。

人、财、物的充足保障，确保了皇明太阳能自主创新成果的层出不穷。公司研制生产的"三高真空管"、"四高太阳芯"，深受世界同行青睐，先后出口到美、德、意等太阳能技术强国市场。公司在太阳能高温发电集热钢管项目的付出得到了丰厚的回报，成为全球仅有的掌握该技术并能够生产的几家企业之一，该产品具有高吸收（96%）、低发射（8%）、表面涂层稳定性强等特点，利用该产品进行太阳能高温发电可以大大降低利用太阳能发电的成本。公司承担的国家"863"项目"碟式太阳能聚光器发电项目"顺利通过了国家验收；与中科院联合承担的国家"863"计划"高精度日光定位方式研究及成套设备开发"达到了国际先进水平，并实现了产业化。除了在产品研发方面取得的成绩外，皇明在生产设备上的创

新不断取得突破。近几年，皇明先后自主研发建成了全球首条真空管自动化流水生产线和全球首条太阳能热水器自动化生产线，预示着制约我国太阳能发展的根本瓶颈被突破，太阳能生产线的大规模复制将不再是问题，太阳能的巨大产能也将被逐渐释放。截至目前，皇明先后承担和参加了六项国家"863"项目、三项国家科技攻关计划、两项国家"火炬计划"项目、一项国家"双高一优"项目、一项国家重点支持固定资产投资项目等共计 132 项国家级项目，拥有国家专利 800 多项，拥有采暖、制冷、海水淡化、建筑节能、产品检测等国际国内领先的核心技术。

六、皇明的"四创"精神

皇明太阳能创新的出发点并不仅仅是为了企业盈利，其核心是"为了子孙的蓝天白云，实现全球能源替代"这一伟大的梦想，大爱成就大业，成为皇明可持续发展的原动力。在中国太阳谷的建设过程中，黄鸣及其团队进一步将皇明太阳能的创新精神总结升华为"四创"精神——创想、创意、创新、创造。

创想，来源于伟大的梦想，是对未来的畅想和方向的把控。例如，皇明太阳能认识到地球不光需要减少碳排放，而且水污染、粉尘、氟利昂和其他有害气体等都需要微量排放，所以首创了"微排地球"的概念。

创意，是创想的进一步具体化，是为达到创想目标而进行的整体规划。例如，在"微排地球"概念的基础上，皇明太阳能提出未来城市解决方案——"未来方舟计划"，将交通、生活社区、酒店、会议、办公大厦、公园、体育场、商贸、工厂等各种现代节能的生产生活方式集于一处，有机融合，处处呈现绿色特点。在创意的过程中，要能够领先一步或者几步来激发市场和用户的需求。

创新，是在实施创意过程中不断突破、追求卓越。按照著名经济学家熊彼特的经典概括，创新包括采用一种新的产品或一种产品的新特征、采用一种新的生产方法、开辟一个新的市场、掠取或控制原材料或半制成品的一种新的供应来源、实现任何一种工业的新的组织五种情况。创新没有模板、范例可循，必须要独树一帜，只有这样才能不断推进产品的升级、提高企业竞争力和带动整个国家经济的持续发展。

创造，是实施创意、创新的组合，对皇明太阳能来说，就是创造了一个产业体系，创造了一个城市发展的模板等。在创想和创意的过程中不能囿于固有的思路，不需要追求完美，但是在创新和创造的阶段，一定要追求精益、追求极致。

黄鸣认为，不仅企业要有"四创"精神，甚至企业中平凡工作岗位中的一个平凡的人，也应该追求"四创"精神：对个人的未来生活方向、对上级分配的工作有一个大格局的想法，尽管比别人小，但是比现在的格局要大得多，这叫创想；为了实现这些创想，要有创意，为了使创意能够付之现实就要创新，实施创意、创新的组合叫创造，形成这样的思考模式，最后员工就创造了属于自己独特的工作体系。

第三节　皇明如何实施自主创新

一、自主创新的模式

皇明太阳能在 20 多年的发展过程中，摸索出一套具有自身特色的创新模式，形成符合企业自身特点的新产品开发流程（见图 5-1），为企业始终保持行业创新中的领先地位提供了保障。

一是创新拥有强大的物质基础。皇明太阳能内部设有"皇明太阳能中央研究院"。中央研究院下设国际技术交流中心、技术研发部、北京中科院联合实验室、镀膜研发中心、技术开发部（包括结构产品研发中心、电气产品开发中心、海外产品开发中心、产品促进中心）、中试厂、青岛研发中心、南京电子研究所、工程设计中心、制造工艺设备研究院、山大联合研究所等机构。既致力于打造内部创新能力，又充分利用外部创新资源；既关注于短期新产品的开发，又重视新一代和前沿技术的储备。皇明太阳能与中科院电工所成立皇明—中科院联合实验室，先后和澳大利亚悉尼大学、德国 FH 研究院、山东大学等国内外著名的科研单位合作，进一步提高了集团研发实力。皇明太阳能一贯高度重视技术研发工作，连续 8 年，科研投入占销售总收入的 3% 以上。公司通过多种渠道寻求用户意见，挖掘市场潜在需求，搜集近 1000 项课题，研发课题的配置采取 "3331" 模式，即市场需求、技术进步、工艺改善、集团战略分别占 30%、30%、30% 和 10%。

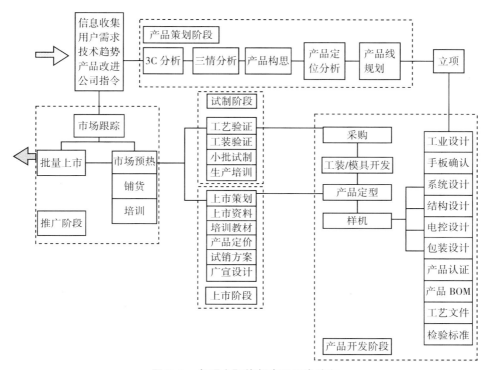

图 5-1 皇明太阳能新产品开发流程

资料来源：皇明太阳能内部资料。

二是建立 ODIC（Zero Distance Concept）科技战略模式，包括实验室高端技术与大规模生产之间的零距离，课题研发方向与用户隐性需求零距离（如非 G 产品存在隐患、热水需求不能完全满足，据此研发一大、二傻、三全、四亮、八防的 3G 机组），产品结构与工艺装备零距离（设计方案、工艺装备、批量制造之间），科技新品与营销服务零距离，基础理论与实用技术应用零距离（如普通不锈钢内胆两三年就会锈蚀透，水质宝内胆针对农村水质设计，解决不锈钢内胆腐蚀难题），太阳能热利用产业与其他行业先进技术、工艺、设备、制造零距离，多功能多技术与终端新品类产品零距离（如 BIPV 光伏组件：发光、发电、节能，集成并网发电、建筑幕墙、LED 亮化、隔音降噪、隔热防尘等功能），检测技术与品质控制零距离。

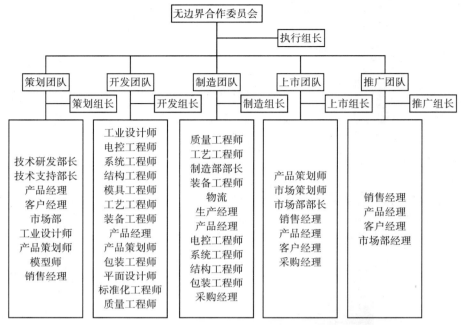

图 5-2　皇明太阳能的一体化协同零距离

资料来源：皇明太阳能内部资料。

　　三是建立无边界项目团队。无边界合作委员会下设策划团队、开发团队、制造团队、上市团队、推广团队，实现了各职能之间的一体化协同零距离。其具体职能包括：研究客户需求、开发市场，实现市场化项目的运作；打破开发流程的内部边界，整合营销、市场、客户服务、质量、外检、设备、工艺、生产、采购等部门；实行产品经理责任制；着重建设策划和推广两端的能力，如图 5-2 所示。

二、完全自主创新战略——势能桶理论

　　皇明太阳能认为，所谓创新、所谓核心竞争力，不是孤立的某个技术点、某条生产线或企业某一方面的突破，而是整个体系、整个环境的综合创新，是一个不断给木桶补短板的过程。在持续提升的过程中，能够取得更大的发展空间，全面地超越竞争对手，就像制作一个容量不断增大、势能不断增强的木桶——势能桶。

　　皇明太阳能刚进入太阳能领域时，整个产业内无参照、外无引进，工

业体系的基础几乎是一片空白，注定要走一条自主创新之路。创业至今，皇明秉承与客户需要、市场需求、产业前沿"零距离"理念，坚持产业什么最缺就做什么的"稀缺理论"，一刻不停地创新、一刻不停地"补桶"，无中生有创造出集太阳能基础理论、市场分析、技术研发、工艺、工装、设备、大规模自动生产线、标准、检测、SOD 标准操作程序、网络建设、上游产业链控制、管理、营销、市场策划、物流、服务等于一体的完整工业体系。借核心技术与行业标准壁垒，粉碎机会资本的多次大规模"侵蚀"，成功突破产业开创者难以逾越的"万燕悖论"，实现可持续发展的目标。仅用 10 年时间，皇明太阳能就走过西方国家通常需要 60~100 年才能完成的工业化之路，使太阳能产业成为名副其实的"中国完全创造"，为我国新兴产业发展提供了最具价值的创新模板。

④ 提手：创新执行与品牌传播

⑤ 容量：核心竞争力和品牌价值

③ 桶箍：文化制度

② 桶板：工业体系

① 桶底：市场需求

图 5-3 皇明完全创新"势能桶"

说明：

①桶底：代表市场需求。按照"零距离"战略，企业所有一切工作、一切岗位、一切流程，都要与市场对接，以市场是否需要为基础而设立。

②桶板：代表工业体系。包括基础理论、市场分析、技术研发、工艺、工装、设备、大规模自动生产线、标准、检测、SOD 标准操作程序、网络建设、上游产业链控制、管理、营销、市场策划、物流、服务等。按照好用战略、"稀缺理论"和以客户为中心的"CSP"文化，市场上、行业内、企业中哪块板最短最缺，工业体系建设的重点就是集中力量补齐这块短板。

③桶箍：代表文化、机制及制度。这是企业一切行动的指南针，是所有员工和所有工作沟通交流的共同语言。

④提手：代表创新执行与品牌传播。补短板是企业各个时期工作执行的重心，也是对内对外传播、弘扬竞争优势、抑制竞争对手的"卖点"。

⑤容量：代表企业核心竞争力的强弱，即所处竞争平台势能的高低，最终可以用企业的品牌价值来衡量。

资料来源："皇明模式"全球解读［EB/OL］. http://business.sohu.com/20071113/n253222689.shtml.

三、实施"马赛克"技术开发战略

皇明太阳能的技术开发采用"马赛克"模式，每个人只掌握整个技术系统的一小部分，不能完全控制一个项目，从市场预测、项目选择到研发，都有人各负其责，相互不影响，像很多小的马赛克，而单个马赛克并没有多大作用，所谓的核心技术是指所有马赛克怎样排列。如果没有整个技术体系的支撑，个人带走所掌握的技术也无法发挥作用。皇明太阳能随时可以补充技术，并不会因技术被带走而受到影响。这实际上也参照了软件业典型的模块化开发模式。

以比尔·盖茨为例，在几乎所有人都认为只有硬件才能赚钱的时候，比尔·盖茨看到了计算机软件市场的前景，经过不断尝试，凭借 Windows 操作系统称霸全球个人计算机软件市场，开创了一个"Windows 视窗时代"。开发 Windows 系统需要编写庞大的程序，比尔·盖茨的做法是，做出程序规划，然后把大的软件程序分成互相联系的小模块，由技术人员各自负责编写自己的程序，最后再把各部分程序集成在一起，从而形成一个完整的系统。这样，每个人各负其责，相互间不受影响，即便有人走了，也可以聘用新人完成。即使全体人员辞职，也可以重新组建团队，依旧能完成整体工作任务。每个人只负责一个模块，并不能将完整的技术带走，确保了技术的保密性。如果有人带走技术，也可以用软件计划进行维权。

皇明太阳能几乎所有专利的研发申请都是围绕着企业价值进行的，依照市场和行业发展的需求进行研发，绝不进行没有市场价值和前景的项目研发，从而避免了不必要的浪费。任何核心技术，掌握实验室技术并不难，皇明的核心竞争力是将实验室技术搬到了市场上。皇明太阳能总是先了解潜在的客户需求，再进行预测、分析，然后进行研发。在事物未出现以前，客户很难说出自己的需求，只有对潜在客户需求进行分类、分析，才能确定研发方向，满足消费者的需求。这是一个复杂的系统工程。在研究、分析了顾客需求，确定了研发方向以后，技术人员要拿出原始方案，经过反复评审，设计出样机，再经过评审，确定样机，制作模具，最后还要进行成本、财务、物流等各方面的分析。这个系统就像由无数小的马赛克组成的大图案。如果只凭一时想象发明出专利，期待"一招鲜，吃遍天"，这样的专利研发方式在黄鸣看来是不可取的。

四、建立完善的知识产权体系

皇明太阳能加大技术革新、发展核心技术，探索实施专利战略，知识产权体系不断完善。制定了《专利管理流程》等制度规范，内部设有专门的专利管理机构——法律顾问处，配备有专职的专利工作人员，负责专利、商标，技术秘密保护等工作。皇明太阳能还聘请专家讲授专利知识，并通过各种方式加强宣传教育，专利知识普及率在皇明科技人员中达100%。

皇明太阳能建立了太阳能研发、制造、科普、营销推广体系，生产的太阳能产品荣获数项国家大奖，所有开发项目都遵循集团制定的《产品设计开发管理流程》，申请专利被明确规定在工作图设计阶段，不申请专利就是违背管理文件，不能进行下一步的工作，并鼓励把重要产品开发出多项专利。皇明太阳能注重专利成果的转化，专利转化率达到90%以上，自主开发的专利技术为集团带来了可观的经济效益和社会效益。皇明太阳能建立了科研人员为主、管理人员为辅、生产技能人员主动创新的队伍和"马赛克"式研究人才管理机制，并与德国、澳大利亚等国家的科研机构保持着良好的项目合作关系，以便引进国际高新技术。

正如黄鸣所说：一个木桶如果没有铁皮保护，很快就会坏掉，知识产权就是皇明太阳能创新"势能桶"的铁皮。皇明太阳能牢牢掌握核心技术，做到了"人无我有，人有我精"，依靠自主知识产权在太阳能行业独领风骚，以自主知识产权领航世界太阳能行业的发展。

五、形成以核心技术为创新中心的技术创新路线

太阳能利用分为两个大的方向：一是太阳能光伏；二是太阳能光热。太阳能光热的低温的产品包括太阳能热水器和热水系统，中温的热利用包括太阳能空调，高温热利用是热发电。太阳能热利用的市场空间巨大，目前皇明太阳能和国内其他太阳能热利用企业都是从低温产品切入的。

目前，皇明太阳能已经成为世界上规模最大的太阳能热水器和真空管制造商，并掌握太阳能的核心技术——"三高"镀膜技术。在内无参照、外无引进的背景下，皇明太阳能自行设计、建成了具有自主知识产权的真空管自动流水生产线，填补了世界空白，为太阳能自动化、标准化、大规模生产打下了基础；成立了检测项目全面、检测标准最高、检测最专业、

检测设备最先进的检测技术中心，保障了太阳能规范化、高品质，解决了太阳能热利用工业化的难题，为世界太阳能产业提供了借鉴和模板。

　　祖克、艾伦通过对七国集团公司的研究发现，那些实现了持续盈利增长并获得投资收益的公司至少拥有一项处于行业领导地位的核心业务，核心业务中的领导地位使这些公司能够持续创造价值，并比竞争对手实现更高的盈利。但仅仅专注于核心业务还不足以实现可持续增长，持续价值创造者会不断扩张进入新的业务领域。祖克指出，让核心业务做好准备，同时使新扩张计划增强而非损耗核心业务的力量，对于谋划以核心业务为基础的扩张行动非常关键。皇明太阳能的技术战略首先是突破核心技术，在核心技术方面取得行业领先，然后以核心技术为中心持续创新，在新的领域形成领先。皇明太阳能先期注册了 100 多项专利，这些专利在市场上具有非常关键的作用，因为到最后市场规模达到 500 亿元、1000 亿元的时候，光有太阳能热水器是不够的。目前，在太阳能相关产业的技术研发上，皇明太阳能已经在太阳能一体化建筑、太阳能灯具、节能玻璃、太阳能高温发电、太阳能除湿、太阳能海水淡化、太阳能空调制冷等多个具有重大社会和经济意义的领域潜伏、耕耘多年，纷纷到了"一触即发"的收获阶段。

专栏 5-2

集成创新与微创新造就"太阳能微厨"

　　皇明太阳能一直围绕"为了子孙的蓝天白云"的梦想、太阳能热利用的核心能力不断创新，太阳能微厨是最新推出的太阳能热利用产品之一。太阳能微厨是一款利用太阳光实现烧烤、煲汤、蒸煮、泡茶等功能的一种便携式厨具，具有无烟火、化学物排放，健康、洁能、环保特征，部分型号重量已达五六公斤，折叠后可以放在汽车后备厢中。太阳能微厨还安装了光伏供电系统，实现烹饪功能之外的电能能够为户外音响、收音机、电脑等供电。

　　太阳能微厨是建立在皇明既有技术基础上的集成创新。从工作原理上看，太阳能微厨将太阳辐射能通过反光板和烤煲管聚光、传热、储热等，从而获取热量，实现食物烧烤、炖煮等功能；同时太阳电池组件吸收太阳能转化为电能，为太阳能自动跟踪系统提供电源。太阳能自动跟踪系统由光敏跟踪器、电机等部件构成，可随时随地准确跟踪太阳方位角，实现对太阳光的有效收集。皇明太阳能在 2010 年 7 月开工建设亚洲最大的兆瓦级太阳能热发电站，皇明拥有该电站所采用的菲涅尔式太阳能热发电技术的发明专利，电站的核心部件和关键装备的设计、制造、集成、控制、安装、调试的能力，如定日镜、槽式真空镀膜钢管、槽式聚光器、菲涅尔式聚光器、碟式聚光器，均可自行生产，且已经赶超国际水平。太阳能微厨是太阳能中高热发电技术在民用领域的应用。

　　太阳能微厨又不仅仅是在既有技术基础上的集成创新，它的最终问世经历了成百上千次改进即微创新。尽管原理与太阳能热水器相似，但制作太阳能微厨所用的全玻璃真空管无论从规格还是从性能上都与热水器有所差异。太阳能微厨最初采用全玻璃真空管作为集热管，面临着一个很大的问题是绝对不能让水滴接触全玻璃管，否则水滴遇上几百度的高温很容易导致全玻璃真空管破裂，而水是在烹饪过程中避免不了的。为解决这个问题，提出借用槽式热发电钢管作为保护筒，将钢管与玻璃管结合形成玻璃金属压封管。但是钢管与玻璃管之间必须留有空间，不能太紧，否则热胀也会让玻璃管破裂；又不能太松，因为太松的话说明空间利用不够，而且还容易脱落，造成意外。为了将玻璃和钢管两种冷热系数不同的材质结合在一起，从草图设计、模具开发、压力把控、酒精擦拭到焊点要求，经历了数百次改进。此外，为了使产品不断完善，对市场反馈回的合理要求马上进行研究，提出解决改进办法。

第四节　皇明从自主创新到持续竞争力

　　与传统能源相比，可再生能源虽然具有充足、清洁、零排放等优点，但目前的生产成本仍然远高于常规化石能源，因此全球太阳能、风能等可再生能源的发展在很大程度上依赖于政府的补贴和资助。可再生能源如何实现可持续性发展，是世界各国面临的共同问题。欧美国家中，除少数几个国家的可再生能源发展较好外，更多的是陷入了"扶持—发展—萎缩—再扶持—再发展—再萎缩"的怪圈，有的国家甚至陷入了长达几十年的发展冰川期。而企业为了有序经营，必须追求包括自身员工、消费者、股东、社会、国家、自然环境的可持续，太阳能行业同样不仅要追求创新，也要追求发展的可持续性。

追求可持续，就是要在实现自身利益、加快自身发展的同时，努力实现整体利益，推进整体发展，追求整体中各个部分的和谐共存，互助互补，良性循环，在发展中求和谐，在和谐中求发展。皇明太阳能坚持以可持续发展的理念，在企业愿景层面，追求"为了子孙的蓝天白云"、"倡导绿色生活，营造绿色家园"；在企业经营层面，在缺少国家政策支持的情况下，追求企业和产业发展的可持续性。皇明太阳能的技术创新围绕着可持续的理念，打造企业的可持续竞争力。

一、从自主创新到持续竞争力——皇明的"无竞争哲学"

为什么国外企业的劳动力成本比中国企业高得多，却能赚世界上最多的利润？黄鸣思考的答案是他们有核心竞争力，包括最先进的技术、最强势的品牌、相对独立不同性质的产品和市场等。只有采取"无竞争哲学"，进入别人没有发现的蓝海，才能获得超越竞争对手的超额利润。"无竞争哲学"是要分清楚干什么和不干什么：别人一窝蜂上的，我们不干；反过来别人干不了的、想不到的、坚持不下去的、没有胆量干的，我们就干，我们就坚持。

在这种思想的指导下，皇明太阳能在创业伊始就投入尽可能多的资金研究尖端技术、整合高端资源。黄鸣提出，要在市场实践中突破自己的思想禁忌。比如有一种节能玻璃，大概有1000万平方米的市场需求，已经有几个企业在竞争。一个营销经理准备占领10%，但因为别人在这个行当里已经干了10多年，他的机会已十分渺茫。黄鸣告诉这位经理，应该去开拓那1000万平方米以外的市场，这才是最大的机会。于是皇明就有了保温、隔热、隔音、不结霜的温屏节能玻璃，这种高品质的玻璃为皇明太阳能创造了独一无二的市场。又例如皇明太阳能在对北京市场进行开拓的时候，专注于许多北京人不知道的"太阳能锅炉"需求，那些原有锅炉需求的人会转向皇明，并按照皇明太阳能所提供的标准来选择。所谓"一流的企业做标准"，这实际上不是技术标准，而是一种使用理念的标准。比如说太阳能锅炉是最环保、最节能、最实用的，树立了理念标准后，再发展技术标准。沿着这样的思路，已有的客户也是最大的市场，可以为他们更新换代，可以为他们提供各种服务。此外，无竞争境界也是一个动态发展的过程，不是一劳永逸的，百年企业的发展史是一个不断探寻无竞争境界的历史。[①]

二、创新价值观的演变——"追求可持续"变为"专注可持续"

黄鸣认为"成长"是企业在创业过程中一种状态，其特征是快速；"长成"是可持续的成长，是成熟。无论是"成长"还是"长成"，突破性创新都是企业唯一不变的基因。企业成长的起点是从一无所有开始，突破一个个市场，成为发展型企业。但发展到一定程度后，企业再想突破，会发觉力不从心，体力不支，有些企业会慢慢消亡。企业要特别关注成长、成熟的过程，使得这个过程"不断持续"。黄鸣借鉴西方管理学中的VVM，即愿景、使命、价值观，加了一个 F（Faith，信仰），拿来为企业所用。皇明太阳能最早的价值观是"追求和谐的完美"，后来在此基础上有所创新，变成"追求可持续"，即追求产品可持续，追求品牌可持续，追求人才可持续，追求经营可持续……现在，皇明太阳能把"追求可持续"变为"专注可持续"。成长过程中，专注才能真正成熟。今天做这个，明天做那个，没有定性，肯定不成熟。

文化确定企业的经营方向，皇明太阳能两个"专注可持续"，一个是专注可持续的产品，另一个是专注可持续的团队和品牌。企业奠定了文化基础后，还要强化文化认同。企业的发展过程是肃清非主流文化、上下统一思想的过程。企业不可能期望所有人都坚定信心，认同企业文化，企业的少数领头人要带动全体员工认同并执行企业文化，文化认同配合制度是达到执行目的的重要方式。随着企业发展，仅靠老板一个人的能力已经无法适应企业发展的新形势。团队建设是企业可持续发展的重要因素。企业成长中必须考虑企业体系的建设。企业长大后，仅靠突破已经行不通，需要

---

① 黄鸣. 皇明的核心竞争力：不竞争 [EB/OL]. 博锐管理在线，http://www.izhong.com/boss/article/943D833281D57F8BE040007F01001275.

有体系保证企业的全盘运转才能再次突破创新，真正可持续地快速增长。

三、"专注可持续"的主要内容

（一）品牌建设的可持续

按照皇明太阳能的发展规划，增加人力、物力、财力投入，精心打造产品品牌、服务品牌、科普品牌。产品品牌建设坚持"对内自信，对外可信"的原则，搞好品牌建设、管理与传播，成为世界可再生能源的最有价值的品牌。服务品牌建设要做好布点推广与传播，形成独立的服务品牌体系，打造国内可再生能源服务的第一品牌。科普品牌建设要肩负起可再生能源科普的社会责任，采取"太阳谷+各地科普园"、"销售终端科普+样板科普"、"电视科普频道+广告媒体科普"、"科普网站+科普发行物"、"专家科普+科普行推广"的五个"1+1"科普模式，建成世界可再生能源科普中心，争创世界可再生能源科普第一品牌，如图5-4所示。

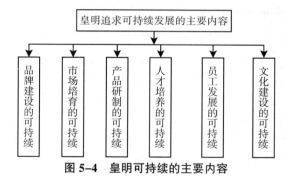

图5-4　皇明可持续的主要内容

资料来源：皇明官方网站及黄鸣博客。

（二）市场培育的可持续

健康、持续增长的市场是任何产业、企业生存发展的源泉。皇明太阳能始终坚持适度的市场增长原则，引领整个产业健康、快速发展，不打低级的价格战，不涸泽而渔。坚持营销洗牌、终端洗牌，提升行业品位。进一步细分市场，构建信息、零售、工程、服务、物流五位一体的营销网络，形成国内、国外各占半壁江山的营销格局。

（三）产品研制的可持续

产品是企业所有资源的最终载体，集中体现了企业整合资源的能力和水平。皇明太阳能自创业之初就提出"谁说太阳能难登大雅之堂"，誓与家电媲美，后来又提出"用'名车概念'打造全新太阳能"的口号。皇明太阳能始终以对产业、行业、消费者负责的态度，用最先进的技术、最先进的工艺、最先进的设备、最优质的原材料，向社会奉献最好的太阳能产品，追求高品质，主动引领太阳能行业的发展潮流。

（四）人才培养的可持续

人才是决定竞争成败的最关键因素，皇明太阳能按照百年基业的目标，加大人才培养力度，为事业发展提供持续的人才支持，精心培养高素质的研发、生产、营销、服务团队，使团队具有统一的价值观、统一的目标，打造世界可再生能源产业的"西点军校"。

（五）员工发展的可持续

以人为本是皇明太阳能始终坚持的宗旨，稳定而持续进步的员工队伍是企业良性发展的基础。皇明太阳能为员工的个人发展提供了良好的平台，让员工能够充分发挥才干，实现个人价值。在帮助员工满足企业、社会的可持续发展需求时，支持他们实现自身名利的发展。

（六）文化建设的可持续

皇明太阳能的企业文化积累了很多宝贵的资源和财富，形成了较为完善的体系，这是支撑皇明永续发展的精神动力。文化创造市场是皇明太阳能成功的重要经验之一，并始终坚持，适应形势变化，不断调整、发展、创新，不断丰富内涵，为企业发展提供指引。实际上，皇明太阳能的自主创新的模式——环境利润流"三循环"创新模式本身就是一个可持续的发展模式。

第六章　人力资源管理

　　企业竞争归根结底是人才竞争，人力资源管理在企业人才的吸引、培育、成长和能力的发挥方面发挥着重要的作用。"选对人、用好人、留住人"，最大限度地调动企业内员工、管理团队的积极性、创造性和主观能动性，成为企业管理活动的重要内容之一。

　　我国大部分具有一定规模的民营企业都是由带有家族性质的小微企业成长和发展起来的，往往存在管理意识落后、管理制度不完善、管理水平低等问题，其中，人力资源管理工作的不规范、不完善已经成为民营企业进一步发展的重要障碍。作为一个知名的民营企业，皇明太阳能在人力资源管理方面可以说一直是做得比较出色的。在成立之初，黄鸣就为皇明太阳能设定了"以人为本"的人才发展理念，树立了"尊重人、培养人、成就人"的人才思路，在日常经营活动中也采取了具有人性化的管理方式来推动人才成长和发展。除依靠内部培养外，皇明太阳能还大力从外部引进优秀的专家和技术人才，例如，在购买悉尼大学章其初博士研发的真空管镀膜专利技术，把光热转化效率提高了2~3个百分点之后，又力邀章其初博士从悉尼大学提前回国加盟皇明太阳能。随后，章其初博士带领研发团队为皇明太阳能成功研发出许多先进技术，包括"极地超寒管"、温屏膜、全球首条真空集热管全自动流水线等。

　　黄鸣认为自己的任务并不是经营一个企业，而是在打造一个太阳能产业。在任何一个产业的发展过程中，人力资本是不可或缺的一个重要经营要素。尤其是对一个正处于成长期的产业来说，只有通过聚集和培养大量的太阳能专业人才，才能推动这个产业发展。现在外界对皇明太阳能的另外一个称号是中国太阳能行业中的"黄埔军校"，这不仅是外界对皇明太阳能行业地位的认可，也是对皇明太阳能培养太阳能专业技术人才能力的肯定。皇明太阳能之所以培养出一大批太阳能人才，其经验包括：在人力资源管理中通过"两个坚持、两个专注"——坚持观念创新，坚持制度创新，专注人才培养和团队发展可持续，专注员工名利个人发展可持续，建立了一套选人、用人、留人的战略性人力资源管理模式。在帮助员工满足企业、社会的可持续发展需求时，也支持他们实现自身发展，保障了企业的发展壮大与实现个人最大价值的完美、和谐统一。具体可以用"一、二、三、四"——一所学校、两条原则、三个机制和四日精神进行表述。

第一节　一所学校：打造太阳能产业的 "黄埔军校"

作为一个以推动太阳能产业发展和员工成长为己任的企业，皇明太阳能一直将自己看作是中国太阳能产业的探索者和领航者，认为自己有责任也有义务对内对外输出人才、输出管理方式、输出新的思想观念。这是保证太阳能产业实现良性发展一条重要途径，也是皇明太阳能可持续发展的重要保证，更是打造太阳能产业"黄埔军校"的根本动力所在。

一、太阳能产业的人才"瓶颈"

为了占领产业发展的先机和制高点，很多企业从不同的方面展开竞争。有的企业将技术研发看作是企业一切发展的源头，有的企业将降低生产成本看作是企业利润的核心，还有的企业将如何实现扩大市场份额看作是企业成长的根本保障。然而无论是研发，还是生产，或是营销，都离不开人的因素。人才是企业一切经营活动的创造者、主导者和执行者。企业只有拥有了合格的甚或优秀的人才，才能在组织内部积累出充足的人力资本，进而推动企业运营活动的正常开展。从这个角度来看，太阳能产业内企业间的竞争同样可以看作是人才竞争。这种竞争表面看是尖端技术人才的竞争，而内在的则是人才培养竞争。只有通过建立良好的人才培养机制，才能推动企业的持续创新，才不会因为人才流动而失去竞争力。

作为一个新兴产业，太阳能热利用产业的人力资源供给长期存在短缺的问题。从人员来源来看，太阳能产业的很大一部分从业人员来源于其他专业和产业。例如，随着太阳能产业影响力的提升，有从家电业或消费品行业转行而来的人才进入太阳能产业。从企业内部培养来看，现在的太阳能产业中绝大部分企业属于中小企业的范畴，这些中小企业由于自身人才培养机制滞后，或者基于人才培养高昂成本的考虑，更多是倾向于外部引进人才，在一定程度上也加大了产业内人才需求的压力，加剧了人才争夺的激烈程度。从外部社会的人才培养机制来看，目前的高等教育和职业教育并没有相应的太阳能技能人才的教育和培训体系，特别是师资等资源难以符合太阳能专业教育要求，很难培养出合格的太阳能专业技术人才，导致广大太阳能企业难以在市场上获得满意的专业人才。随着太阳能产业市场规模的持续扩大，人力资源缺口极有可能进一步扩大，进而制约了太阳能产业的进一步发展。

二、"大河有水，小河满"的皇明人才建设观念

虽然中国劳动力市场相对比较充裕，却还是缺乏太阳能热利用产业的专门人才。随着太阳能产业在社会影响力的提高，太阳能企业对人力资源的吸引力逐渐增强，相关人才开始逐渐流入。推动太阳能产业的持续发展需要不同类型专业人才的共同努力，既需要掌握世界一流研发技术的人才，也需要把先进技术转化为现实生产力的生产管理人才，还需要大批推动市场成长的市场营销人才。虽然我国每年高等院校毕业生有数百万人，但是缺少相关专业的师资力量等教学资源，无法提供太阳能产业所需要的设计、研发、生产制造、销售、管理人才。从现实来看，太阳能产业的人才短缺问题仍然比较突出。

在缺乏专业教育人才和教育体系不健全的不利情况下，太阳能企业必须担负起人才培养的重任，自己想办法解决人才短缺问题。对外，企业可以创新"应用型"人才培养新模式，通过与社会教育机构合作来推动外部职业技术教育的发展，变招聘为招生，对学生进行产教结合，缩短上岗前的企业再教育时间，深入强化"应用型"人才的培养教育，打造"应用型人才培养新模式"。对内，一方面，企业需要规范管理，建立现代化的企业制度，为人才成长提供良好的发展平台；另一方面企业需要建立良好的人力资源薪酬、培训、提升计划，形成一个良好的人力资源系统，从而解决由于粗放式人力资源战略造成的企业人力成本过高、人员流动率过高等问题。

"大河有水，小河满"是一个最基本的社会道理。黄鸣一直将推动太阳能产业的发展作为自己的毕生目标，并清晰地认识到只有整个产业繁荣

了，企业才能有更广阔的发展空间。他在为皇明太阳能设计人力资源发展战略时，从整个太阳能产业未来发展的角度出发，提出皇明要成为中国太阳能的"黄埔军校"，通过人才建设来推动太阳能专业技术人才的培养，为自身和行业输送合格的太阳能专业人才，培养出实用创新型人才而推动产业的健康发展。

在最初的发展阶段，面对人员的短缺，皇明太阳能每年都是通过外部招聘数百名大学生来解决。由于这些学生没有经过太阳能专业的研发、生产、制造、销售服务技术等教育，同时对团队文化融入不到位、心态浮躁不扎实、对选择太阳能事业作为终身职业不坚定等各种因素，造成企业人员流失率居高不下，给企业的岗前、岗中再教育资源造成极大的浪费。在这种背景条件下，皇明太阳能从自身和产业发展的角度出发，采用了变招聘为招生的策略，通过建设完善的职专、高职、大专、本科、研究生函授点等，建立人才蓄水池。目前，皇明太阳能已建立起包括皇明商学院、皇明工程技术学院、皇明职业中专和集团教育培训中心在内的"三院一中心"的多层次人才教育、培养体系。商学院是中高层干部战略、文化、思想培训基地。太阳能工程技术学院是可再生能源生产制造、物流推广、太阳能工程设计施工、售后服务、可再生能源工业旅游、酒店服务等专业技术人才教育学院。德州皇明太阳能职业中等专业学校，是一所可再生能源生产制造、物流推广、售后服务等专业生产技师教育学校。集团教育培训中心包含"211"大学、建筑类专业大学、国家一类二类大学合作"皇明班"进行专科、本科及本科以上专业学历教育，进行可再生能源技术研发、设计、管理等专业人才培养；是集团新进大学生岗前教育，在职员工专业化、职业化、标准化教育培训，中层及中层以下职业技术、职业素养、职业道德、企业文化、职业生涯规划等有益于职工全方位成长提升的专业培训机构。

在硬件建设上，皇明太阳能与中国科学院电工研究所、山东大学材料学院等学校和研究机构在研发、教育方面展开深入的合作，获得了较高水平的技术创新研究手段和先进的试验测试设备、仪器及场所，形成了一个较高层次和水平的研究开发机构，这成为皇明核心技术积累和技术创新的源泉。同时，皇明太阳能还与北京大学联合举办 MBA 培训中心，建设了宽敞明亮的教室和藏书丰富的图书馆，并成立皇明太阳能硕士站。2009年，皇明太阳能开始筹办建设中国可再生能源大学，设有大专、中专部，通过 3 年实践教育，培养高等技师，课程设置以实践与实用理论学习为主要培养手段、应用型人才培养为培养目标，培养符合"企业好用"标准的优秀员工，预计年培养专业的研发人员 2 万余人。规划中的可再生能源大学一期工程占地 500 余亩，包括 80000 平方米的教学行政楼、容纳 5000 人的报告厅、20000 平方米的实训楼、20000 平方米的教工专用宿舍、6 栋学生宿舍、专业拓展训练基地、室内体育馆、标准体育场、高尔夫球场、学生食堂、校医院、商业中心、教学行政楼等一应俱全。

一个更大的太阳能产业人才培训基地的蓝图越来越清晰。目前，皇明太阳能开始投入大量资金支持，完善各类基础学科与实践教学设施，有 7 个生产厂、上万个专营店的实训基地等也正在酝酿中。在软件建设上，"三院一中心"拥有优秀的教师团队，聘请业界顶尖的专家学者执教，为太阳能及节能技术产业培养高级人才。目前的师资包括世界镀膜科学家章启初博士，中科院皇明研究院王志峰博士，美国节能建筑之父道格拉斯先生，2008 年诺贝尔和平奖获得者、《京都议定书》起草人科尼斯·布罗克先生，北京好瑞思建筑节能咨询公司副总经理巴特，2008 年奥组委绿色建筑顾问、北京好瑞思建筑节能咨询有限公司总经理谭洪起先生，国际太阳能学会副主席黄鸣先生，以及承担国家"863"项目的徐志斌教授和高级工程师等专、兼职教师 200 余人。

创建"皇明班"培养合格的皇明人是皇明太阳能人才建设的一种重要方式。在与高等院校合作的过程中，在原高校相关近似专业中抽调意向学生组建皇明班，并将原有课程进行调整，增加或替换成太阳能行业和企业需要的技能、素养教育课程。加上配合实地参观实习，进入企业顶岗实习实践，毕业设计由企业高工进行设置、指导和考核评估，培养有强烈企业文化认同感的理论与专业技能扎实的后备力量。从 2006 年开始，皇明太阳能先后与德州学院、河北科技大学共办"皇明班"，学生从大二开始切入太阳能专业，课程由皇明太阳能和学校共同设定，皇明太阳能发放一定的奖学金和助学金等，并提供见习岗位。现在皇明太阳能已经与国内 7 所大学合作开办深度合作的本科学历"皇明班"，与优秀高校合作设立硕士研究生教学点等。"皇明班"的设立不但有效地缓解了人才瓶颈，而且"皇明班"的学员对企业怀有感恩之心、有很强的认同感，有利于入职后较快地融入皇明太阳能的企业文化。目前，皇明教育体系的在校学生近万人，包括皇明商学院 6000 名企业学员，皇明工程技术学院大、中专学生，合作办学高校皇明班学生等 3000 余人，其中在读的销售店长及专业的销售员 1500 人，节能建筑设计师 500 余人，技术研发设计师 500 余人。通过建设完善的职专、高职、大专、本科、研究生函授点等，建立起人才蓄水池，不但能够为自己和行业输送太阳能专业人才，而且"产教结合"的教育模式缩短了岗前的企业再教育时间（冀军）。

同时，皇明太阳能为了强化对科研人员的培养，提高科研队伍素质，每年选派部分科研人员到大专院校、科研所进行技术交流与培训，并邀请国内外科研机构和院校的高级研究人员来企业讲学，进行新技术、新材料、新设备、新产品等的知识培训，极大地提高了技术开发人员的整体素质。根据中、长期科技发展规划和企业发展方向，皇明太阳能不断引进人才发展自己的科研技术中心，先后与中科院、北京理工大学、南京工学院等一些院校、科研机构联合，采取"走出去、请进来"的方式联合攻关，并推行专业技术人员继续教育，为技术研发中心持续发展提供了优秀人才，为企业的可持续发展奠定了坚实的基础。经过长期的沉淀和积累，目前皇明太阳能的人才培养模式已经收到了显著的成效，从集团高层到生产车间的排头兵，基本都是皇明太阳能自主培养的人才。高层管理者的 85%、中层管理者的 55%，都是从公司基层逐步成长起来的优秀员工，他们在生产时间的过程中锻炼了能力，提升了对企业文化的认知度，不仅有扎实的理论、技术、业务功底，而且对集团有深厚的感情，是集团发展的中坚力量，也是强大的凝聚力量，这是无法替代的宝贵财富。

优秀的人才教育培训体系不但使皇明太阳能这条小河水量充沛，而且为太阳能热利用产业输送了大量的人才。以技术研发部的人员情况为例，2004 年，皇明太阳能的技术研发部招聘了 500 人；2006 年，为了强化技术创新，又招聘了 196 人；2007 年，技术研发部开始进行调整，研发部门人员走了 50%；2008 年，皇明又进行了 1 倍人员的补充；2009 年，人员继续扩充 1 倍，技术研发人才达 1500 人之多，加上现有技术人才，皇明太阳能的技术人才库进一步充沛。虽然目前的集团人才年流动率达到 50%，研发部门人才流动率也达到 15%，但是皇明太阳能的研发实力并没有受到削弱。通过推动整个太阳能产业人才的开发，有进有出，形成了一个良性发展模式，不仅自己获得了合适的人才，而且流出去的人员也进一步推动了太阳能产业的发展。

第二节 两条原则：为皇明选择合适的人才

目前国内共有 6000 余家各类太阳能生产厂家，从业人员也多达数十万人，但还是存在较大的人才缺口。即使面对人才短缺的困境，也并不意味着可以随意去选择和招聘，只有选择合适的人才才能推动企业持续发展，否则很可能会招进来并不适合企业的员工，甚至给企业带来负向影响。皇明太阳能确定了选择员工的两条基本原则：企业文化认同和公平、公开、公正。只有那些能认同企业文化、价值观的员工才会与企业共同发展，才会为了企业未来而努力做好自己的事情；做好了公平、公正和公开，企业才能真正地从社会中选拔出优秀的人才而推动企业创新发展。

一、以文化认同来选择人才

俗言道"道不同，不相为谋"，尤其是在做一项事业的时候，更需要寻找到一些具有共同意愿和志向的人一起做。企业文化会直接影响到员工在履行岗位职责中的价值信仰与行为准则。企业文化同时具有激励与约束的作用，例如，通过物质或精神的激励可以影响员工的行为，使其个体行为规范与企业价值达成一致；同时，依靠组织、团队、集体的地位对员工的一种强有力的、强制性的规制又会促使员工以企业的文化作为行为准则和标准。在招聘活动中很重要的一个环节是选择认同企业文化、符合企业价值观的员工，为后期工作的高效、顺利的展开奠定基础。可以说，只有员工与企业价值观相符才能为企业愿景付出自己最大的努力。否则，很容易造成人才不稳定，这不仅不利于企业正常运营活动的开展，而且会增加人才使用成本，给企业带来不必要的负担。

皇明太阳能之所以认为必须选择具有企业文化认同的人员，主要还是来自于早期工作的影响和思考。在前期的发展中，皇明太阳能的人员主要来自于自身培养。在这段发展时期，皇明太阳能属于市场的一个新企业，所有员工都报以共同的愿景参与到企业成长中。到了 2003~2004 年，皇明太阳能已经在市场中取得了一定的市场份额，成为竞争的主导力量。这时的皇明太阳能开始向一个成熟企业转变，企业内部也出现了不同的杂音，不同的价值观和认识视角极大地干扰了企业文化的统一性。为此，黄鸣开始主导梳理企业文化价值观的工作，先后有近千名不认同企业价值观、发展模式的员工离开。虽然从数量来说比较大，但是黄鸣认为，这种文化价值认同的梳理工作还是取得了很好的效果，统一了员工的思想。基于此，黄鸣提出，在今后皇明太阳能人员选择的首要条件之一就是必须认同皇明文化，认同企业的发展模式。黄鸣对此评述道："企业是天，员工就是那补天的五彩石；产业是天，企业就是那补天的五彩石。员工对于企业，企业对于产业，也同样要有这种五彩石的使命和责任。"巧合的是，阿里巴巴的马云也有类似的感受，他这样陈述自己"最遗憾的错误"："2001 年，我犯了一个错误，我告诉我的 18 位共同创业同仁，他们只能做小组经理，而所有的副总裁都得从外面聘请。现在 10 年过去了，我从外面聘请的人才都走了，而我之前曾怀疑过其能力的人都成了副总或董事。我相信两个信条：态度比能力重要，选择同样也比能力重要！"（马云）。

黄鸣的梦想就是做成一个百年老店。在他的认识中，企业文化较之于短期的企业绩效更为重要。这是因为百年老店传承不变的是企业的核心价值观，是其具有特质的企业文化，核心价值观回答了企业生长（生存与发展）的意义。对一个立志做百年老店的企业而言，不符合企业核心价值观的短期绩效并不会长久，也不符合企业长期的利益。这种思想在一定程度上影响着皇明太阳能的人员招聘和选择工作。在对外的社会招聘中，只有认同皇明文化的员工才能进入皇明太阳能。这种思维也影响着外聘员工的后续发展，要求员工更好地践行皇明太阳能的文化理念，即在做到在积极提升绩效的同时，认真并积极地践行好企业的文化，达到绩效与文化的和谐一致。对员工个体而言，也能真正成为企业的一名优秀员工。这样的结果对于企业、对于员工而言，无疑都是一种双赢。此外，皇明太阳能与一些高校所举办的"皇明班"，也是一种未雨绸缪，提前为皇明的后备青年军而提前培养皇明价值理念的一种人才管理模式。这些皇明青年军一旦进入皇明，在主观认识上会很快地接受组织观念，继而很快地融入现有的组织互动中，而不会导致一些可能存在的冲突。

员工认同企业的文化，企业给员工营造家一样的氛围。黄鸣认为，企业社会责任有客户、产品质量、员工福利、投资者四个层次，慈善作为企业社会责任的一部分，应该从企业内部做起。在黄鸣的推动下，皇明太阳能从员工最难心的事、最暖心的事、最担心的事、最舒心的事入手，建立起一整套员工权益保护体系和关爱职工的机制，包括：签订劳动合同时，把女职工的特殊利益作为保护条款列入合同内容；实行男女同工同酬，分房平等；女工孕期、哺乳期，不安排夜班，不加班，不安排重体力活；哺乳期间，保证员工一天两次提前半小时下班；因婚育、节育请假的员工均实行带薪休假，工龄连续；女工在怀孕、生育等特殊时期，不适应原岗位的予以调换；定期免费为已婚女工进行生殖健康检查；独生子女父母奖励费一律按规定足额兑现。皇明不惜投入重资建设员工住宅，公司承担了大部分的费用，数百名员工只用远远低于市场价格就能买到属于自己的房子。集团开设了一条爱心服务热线、设立了三个总裁信箱，建立了一线员工与公司高层领导的信息交流和对话制度，对员工遇到的烦心事想方设法予以解决（阚世华、章轲）。

二、"公平、公开、公正"的用工机制

企业的发展和规模的扩大需要以更多的优秀人才作为支撑。企业员工既可以通过人才市场来获得，又可以来自于企业内部的培养。皇明太阳能在这方面采取了两条腿走路的策略，既通过在全国各地开展社会招聘活动引进人才、与学校合作建立"皇明班"来培养未来的皇明人，又通过"相马"的机制在内部培养、发现人才。在人力资源管理中，皇明太阳能一直坚持的一项重要原则就是"公平、公开、公正"。2009年，皇明集团全面启动全球人才战略，发动在科研、营销、服务终端再到制造物流等各个环节全面颠覆式"扩军"，约有3万人成为企业的新员工，招聘岗位从技术研发生产制造、工艺设备到市场营销、策划、国际贸易、终端促销再到工程施工、安装、服务、节能建筑设计、项目管理、可再生能源大学讲师等，多达400多个岗位。

在日常工作经营中，皇明太阳能一直将加强管理和执行力度作为工作中的重点来抓，并形成了自身特有的管理优势。在皇明太阳能内部的员工职业生涯管理中，以"以人为本"思想为核心，从岗位管理入手，设置不同的发展通道，打造员工素质提升平台，通过培育职业能力、实现职业发展、完善职业待遇等一系列手段，最终达到企业和员工共同成长的目的。在日常经营中，为了挖掘出最为合适的员工，将其放在最合适的工作岗位

来为企业创造价值，皇明太阳能为每位员工提供"公平、公正、公开"的发展机会，推崇"能者上，平者让，庸者退"的理念，让优秀的人才在进入公司后很快就能独当一面、脱颖而出。经过这么多年的发展，在皇明太阳能成长为人才的，既有刚毕业的学生，也有外聘的优秀员工。此外，皇明太阳能基于"以人为本"的核心理念，提出凡是企业的优秀员工，都要为其创造进一步深造的条件。例如，把有理想、有抱负的人才送到皇明济南硕士站去研修，边工边读，为人才提供了很好的发展空间。通过为员工提供各种各样学习和接受培训的机会，使员工在工作中学习，在学习中成长，在成长中实现价值。

第三节　三个机制：为企业培养合适的人才

太阳能作为新兴的朝阳产业，既有巨大的发展潜力，也存在大量的人才缺口。企业的竞争不是营销的胜负，比的是硬功夫，即人才梯队的建设。皇明深知人才的重要性和人才成长的困难性，理解人才在创造财富的同时更需要实现自身的价值。在具体业务活动中，采取尊重人才、培养人才的思路，为人才的成长提供了优越的发展平台和成长空间。

黄鸣曾说，"不能把没有经过成长培养，没有实践经验的人送上战场。一定要预演，不能再走所谓的捷径，否则等于抛弃他们"。为此，皇明太阳能确定了企业的用人准则："尊重人，理解人，关心人，培养人，以人为本，视人才为企业最宝贵的财富。"做到"适才适用"——把合适的人放在合适的岗位上，让每个人才都能充分发挥自己的聪明才智；"论功行赏"——根据员工的工作业绩以及为公司所作的贡献大小，为员工提供在同行业本地区具有竞争力的薪酬；"职业规划"——根据每个人才的特点，制定个性化的发展空间，提供充分的培训机会，实现企业与员工共同成长。皇明太阳能的人才管理体制可以表述为：激励机制、竞争机制和培训机制。

一、激励机制

激励是推动员工成长的重要手段，在企业内体现为多劳多得、少劳少得、不劳不得的分配机制。企业实行激励机制的最根本的目的是正确地引导员工的工作动机，使他们在实现组织目标的同时实现自身的需要，增加其满意度，从而使他们的积极性和创造性继续保持和发扬下去。皇明太阳能在广泛征求员工意见的基础上出台了一套激励制度，包括绩效考核管理、精神激励、即时激励三种激励方式。在日常经营活动中，严格按制度执行并长期坚持，使这种外部的推动力量转化成自我努力工作的动力。

在皇明太阳能内部还有一种特别的定义——"成长中的错误"。没有不犯错误的员工和团队，一个员工和团队要创新、要成长、要走别人没有走过的路，不可避免地会犯这样或那样的成长错误，包括技术部门新产品研发中的损失，营销部门开拓市场中的失利。皇明太阳能内部对这些错误的处置采取适中原则。首先，做到区别对待、赏罚分明，对于那些恶意的违反原则明知故犯的行为，给予严厉处理，而对那些敢于担当、敢于负责、敢说敢做的员工则给予一定奖励。这样就能鼓励那些积极干事的员工，帮助他们少走弯路，创造敢说、敢做的机制和文化，培养出员工创新工作的勇气。同时，利用考核制度激发员工的竞争意识，充分发挥员工的潜能。在制定制度时，既体现科学性，也做到工作细化，通过系统地分析、搜集与激励有关的信息，全面了解员工的需求和工作质量的好坏，不断地根据情况改变制定出相应的政策。

皇明太阳能的薪酬机制包括：在工资机制与人才待遇上，建立了民营企业独具特色的工资体系，率先在民营企业中完善了学历补、职称补、工龄补、医疗保健补、住房补、电话补等制度。并且提出，在公司内工作满 3 年者，每年享有特别休假 3 天，每增加 1 年，年特别休假增加 1 天。企业招募的外地员工，公司为其办理人事调动及落户手续、免费提供住宿，每年享有探亲假，为其报销往返普通长途汽车和火车票。高级管理层工资逐渐过渡到年薪制，并为高级人才建公寓，形成了"以效益为前提，以岗位为标准，以等级为形式，以贡献论报酬，工资上不封顶"的工资体系。

二、竞争机制

企业发展是基于各部门团队的集体协作而壮大的，其间协作与竞争密不可分。皇明太阳能内部的竞争既存在于各个团队之间，也存在于同一团队各个队友之间。皇明太阳能内部的竞争并不是无序的，而是一种可以控制的、正向的竞争，用绩效排名的方式优胜劣汰，从而形成"人才赛马场"，让每个人保持奋进的状态，让团队保持高度的凝聚力。在竞争机制的促动下，皇明太阳能的人才建设取得了很大的成绩，并涌现了一大批优秀的成果。近年来，皇明太阳能拥有150多项国家发明专利，多项科研项目列入国家"863计划"与"火炬计划"项目，汇聚了一大批国际国内的知名科学家和高技术人才，为企业的不断创新和持续发展吸引、培养和成就了大量的人才，让人才在一个卓越的创新环境中成长和发展。

现在，皇明太阳能内部的竞争机制包括如常规的绩效考核，或季度、月度、半年以及年终的优秀管理人员、优秀员工等的评选，还有业务竞赛、目标责任书等。通过引入竞争机制，实行赏勤罚懒、赏优罚劣，打破了看似平等实为压制的利益格局，进一步激发了员工的主动性、创造性，使员工长期保持活力。同时，通过利用竞争机制，可以发现哪些人更能适应某项工作，保留最好的，剔除最弱的，推动每个员工不断自我提高，从而实现团队结构的最优配置，激发出团队的最大潜能。

三、培训机制

皇明太阳能非常重视人才培训，并形成了一个相对完善的员工培训体系，为员工搭建一个良好的学习平台，切实提高员工的自身技能和整体素质。

（1）新员工入职培训：新进的人员在进入公司后必须经过系统培训才能够上岗工作，以熟知集团架构、生产工艺流程、技术核心、各部门职责，融入皇明文化，适应企业的快速发展。新员工进入公司后会有3个月的培训期，进行从企业文化理念到未来发展战略，从产品知识介绍到营销策略等各个方面，全方位的理论培训，并通过让员工对公司的发展史、本产品知识、经营状况以及公司所涉及的领域、未来发展前景的了解，使其融入太阳能事业中，深刻地领会公司的企业文化，共同为企业发展而奋斗。在对公司及公司的各部门有了充分了解之后，会为考核优秀的新员工提供竞争上岗的平台，新员工也可以根据自己的兴趣爱好及专业在意向岗位中来自主选择工作岗位，从而保证新员工可以在自己喜爱的岗位上尽情发挥自己的才华，设计自己的职业生涯，让自己成功转型为真正的皇明人。

（2）在职员工培训：员工步入岗位后，公司会对其进行相应的岗位培训和职业生涯规划，让其在熟悉岗位职责的基础上做好本职工作，并在其做好本职工作的基础上进一步提升员工的自身技能与个人素质。同时，还为员工提供各种学习和接受内、外培训的机会。当员工的技能和素质及技能得到提升后，可以根据职业生涯管理，把其放到一个更高的位置去学习和发展，以充分展现自己的才能，开发自己的潜能，实现人力资本最大化的增值。皇明太阳能还建立了良性互动的内部人才流动机制，允许员工内部"跳槽"、申请调换岗位，择优上岗，使员工提高的能力有施展的机会，给员工提供广阔的舞台，让人才有机会重新设计自己的职业生涯。

（3）职业经理人培训：为了增强公司的整体竞争力，整合各方面的资源，保证人才的竞争力，公司为职业经理人提供很多内外部职业化以及专业化的培训。在皇明总部设有多媒体教室、职工教室。通过系统的培训，使他们掌握职业经理人实用课程内容及技能，熟悉国内外先进的管理理论及方法，掌握运用所学理论解决企业实际问题的能力。同时，高层次人才还有与国际化大企业及著名咨询机构进行交流和参与培训的机会，更为个人提供了提升的机会和空间。

第四节　四日精神：为企业留住合适的人才

在任何一个行业，人才流动是不可避免的正常现象。从员工自身角度来看，向往更好的薪酬、期待更好的发展空间都是一种正常的思维。对于企业来说，需要将自身的发展战略与员工的发展目标一并考虑，形成组织内在的凝聚力，使员工感到有展示自我价值的空间和提高自身才能的机遇和条件。皇明太阳能为了留住对企业最有用的人才，提出了以"四日精神"塑造企业氛围，以良好的企业氛围留住能与企业共同发展的合适人才。

一、日出有信——做人讲诚信

诚信是员工必须具备的基本道德品质，也是一个企业发展的重要基础条件。只有员工做到诚信，才能忠于职守、忠诚企业，才能做到诚实为企；只有诚实守信，才可能在日常工作中做到爱岗敬业、履职尽责，做到遵章守纪，为企业创造更多的效益。每个企业的发展壮大都需要一些具有诚信品质的员工来维持。

在皇明太阳能及太阳能热利用行业起到中坚作用的，不是学历和智商多么高的人才，真正有用、实用和中用的人才，恰恰是一些具有诚信，忠诚度高，对太阳能行业热爱并且投入的员工。皇明太阳能在企业内部完善规章制度，健全监督管理机制，建立质量诚信、质量道德的长效机制，让所有的员工遵守自己的职业道德，践行为人的基本诚信观。皇明人的这种诚信观念极大地影响了广大经销商，尽可能做到以诚信理念服务客户，在市场终端尤其是消费者心中得到了共鸣。

二、日行有度——做事讲原则

有度就是在企业制度的约束下从事相关的工作而不能突破。制度是企业经营活动中不可或缺的重要因素。所有用来规范相关人员活动的规则都可视为一种制度。其一旦形成，则处于企业范围内的员工都将受到影响。在企业内部，管理者需要建立现代企业制度来解决内部活动中所存在的权责不明等问题，并通过合理的机制来保障相关活动的顺畅进行。例如，在企业内部也经常会出现以权威、职能命令、规章等方式来对员工活动施加一定的影响，并强制性要求其严格依照既有规定执行。

皇明太阳能的日常管理工作中制定了严格的员工管理制度。例如，皇明人的职业生涯管理体系主要包括四个环节。①打造职业平台：设计发展通道、岗位设置、职级序列、晋升规则等。②培育职业能力：在职辅导、岗位培训、职业发展访谈。③完善职业待遇：建立有激励效果的分配制度、完善的保障体系和"人性化"的福利补充体系，给员工提供有市场竞争力的薪酬。④实现职业发展：制定年度发展计划、绩效考核、岗位调整。在日行有度的引导下，皇明太阳能内部已经形成了统一的价值观、统一的目标。同时，也实现了放和控、制度和个性的相对和谐与平衡，即"放，放不乱；控，控不死"。

三、日照大度——常存包容心

包容是在管理工作中必要的一种态度。尤其对管理者来说，更需要拥有一颗包容心，学会换位思考，常以责人之心责己，这样才能充分发挥领导干部的管理职能。在皇明太阳能的日常经营中，不可避免地会出现一些异质思维，而这些思维在很多时候恰恰又是企业创新的源泉。为此，在皇明太阳能对员工的管理中，特别重视员工个性，承认员工差异，在交流中化解矛盾，最大限度地形成共识，推动思想观念的进步。

皇明太阳能是一家平民公司，从公司诞生那天起，即依靠包容精神聚拢人才。按照黄鸣自己的说法："公司成立时，由于是私营企业（从个体户起家），在 20 世纪 90 年代那个还轻商的年代，公司所得到的'人才'是许多扔在人堆里找不出来的平凡的人，但正是在组织内的包容，让这些人形成了服务太阳能行业的光荣使命，给予了他们未来的光荣和梦想，他们也成为中国太阳能行业的营销、生产、技术等各方面的顶尖人才。"现在大学生就业存在着一对很现实的"矛盾"问题，一方面，应届大学生就业难；另一方面，企业觉得大学生不好用，这其中很大的原因是大学生"高不成低不就"的心态所致。对于这种心理的认识，也是新员工在职业选择中不可避免的情况。皇明太阳能对新进来的大学生，也强调以包容的态度对待他们。对员工培训、教导，协助他们制定职业发展规划，使他们对社会拥有了宝贵的感恩之心，这种平和的心态也使他们做事务实，学习踏实，成为企业未来的栋梁之材。

四、日新月异——时时有创新

创新是决定一个新兴产业、企业是否具有强大生命力的核心要素。当皇明太阳能开始进入太阳能热利用领域时，产业发展基本上处于空白。黄鸣将皇明太阳能的创业过程描述为，"我是在沙漠上盖房子，外无引进，内无参照，只能是自己一步步摸索前进"。创新不是一个人的事情，是企业内部全体员工集体智慧的结晶。在皇明太阳能内部的创新战略引导下，极大激发了员工的创造力。这也让皇明太阳能在太阳能产业中占据了重要的位置。皇明太阳能的创新根基在于：具有完善制度体系，使得员工的创新活动有章可循；营造良好环境，促进员工技术创新活动的顺利开展，从而将核心技术、企业成长、产业发展同社会和谐整合到一起，实现商业与社会的协调发展。

皇明太阳能一直将员工的技术创新活动作为促进企业持续发展的重要工作，并纳入企业发展战略规划中。对于实践中的员工创新，采取积极支持的态度，提供资金、自主性，引导员工更好地进行创造性劳动，各展所长、各尽所能。在员工积极参与创新的氛围下，皇明太阳能取得了一系列的创新成果，建立了一整套世界太阳能热利用产品工业化生产体系，涵盖了从上游产业链控制、核心技术、自动化生产线到检测技术等，其中包括世界首条真空管自动化流水生产线，全球规模最大、检测项目最多、标准最细的皇明检测技术中心（拥有 18 大实验室，317 部企业标准，6.6 倍于国际标准，1326 项检测项目）等，且自主知识产权率达 95% 以上。

第七章　生产管理

　　生产管理的主要任务是通过生产组织工作，按照企业目标的要求，设置技术上可行、经济上合算、物质技术条件和环境条件允许的生产系统；通过生产计划工作，制订生产系统优化生产管理运行的方案；通过生产控制工作，及时、有效地调节企业生产过程内外的各种关系，使生产系统的运行符合既定生产计划的要求，实现预期生产的品种、质量、产量、出产期限和生产成本的目标。太阳能热水器是一种全新的产品，对生产管理也有特殊的要求。皇明太阳能在生产热水器的同时也生产热水器的核心部件——真空管，在两个生产部门之外，还设有质量部和物流部两个生产辅助部门。在内无参照、外无引进的情况下，皇明太阳能从设备升级和管理改进两方面不断提高制造能力，并在国内外同行中实行最严格的质量控制。在太阳能热水器行业井喷式发展的情况下，皇明太阳能没有盲目扩张规模，而是不断改造已有生产线，保持产品技术和品质的领先地位。

第一节　生产组织

　　皇明太阳能生产中心是专门负责产品生产制造的部门，生产中心下属四个部门：热水器制造部、真空管制造部、质量部和物流部（见图7-1）。其中，热水器制造部和真空管制造部属于生产部门，质量部和物流部属于生产支持部门。太阳能热水器是皇明太阳能出产的最终产品，而真空管是太阳能热水器的关键部件。我国目前数千家太阳能热水器企业中，能够自己生产合格真空管的企业并不多，皇明太阳能作为行业排头兵，坚持自己生产真空管，并对真空管技术、工艺的改进投入巨大资金。质量部的工作是保障皇明太阳能出产热水器产品的高品质。皇明太阳能拥有全球规模最大、检测项目最全、检测标准最高的太阳能热水器技术检测中心，其检测结果得到中国合格评定国家认可委员会的认可，检测中心出具的检测报告与国家专业检测机构出具的报告具有相同的效力。由于太阳能热水器体积较大，产品中易碎部分较多，产品定制化程度高，产品安装也有特殊要求，因此皇明太阳能生产中心还设有物流部，专门负责原材料、半成品和热水器产品的运输和仓储。

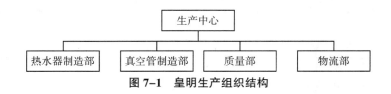

图7-1 皇明生产组织结构

皇明太阳能自2000年开始生产管理的现代化改革，在引进一批专业管理人员的基础上，到2002年基本建立起规范化的生产管理体系。从1999年开始，皇明开始了质量管理体系的导入工作，2002年，皇明太阳能一次通过ISO9001国际质量体系认证；2003年，皇明太阳能热水器产品一次性全面通过国家3C认证，这标志着企业完整的质量管理认证体系构建完成。

目前，皇明太阳能生产部门面临的最大问题是招工困难。与以前比较，企业人力资源机构中，中、高层技术人员和管理人员紧缺的情况有所缓解，但普通工人招不来、留不住的问题越来越严重。皇明太阳能工程技术学院的毕业生能够满足企业部分用工需求，但更多的工人还需要通过社会招聘。与其他太阳能热水器企业比较，皇明太阳能面临更大的困难：由于产品质量较高，普通技校毕业生或在其他太阳能热水器企业工作过的工人一般不能满足皇明太阳能的高要求，新工人进入皇明太阳能之后一般还须经历一段时间的实习和学习期。例如，皇明现有的太阳能热水器安装技师和服务技师几乎全部依靠企业自己培训，而培训1名合格技师需要资金和时间投入，合格技师的流失对皇明而言是很大的损失。皇明太阳能招工难、培训难、培训之后留住难的问题也反映了我国制造企业，特别是领军型企业普遍存在的发展难题。

第二节 设备、工艺升级和管理改进

高品质的产品源自先进的技术和工艺，也依托于精细化的生产管理。皇明太阳能自成立以来，始终按照"百年企业"和"全球企业"的要求，从硬、软两个方面不断改进：硬件方面，改造升级生产线的同时不断引入新的生产工艺；软件方面，提升管理理念、提高生产责任心的同时借助现代的管理工具。

一、装备和工艺升级

中国太阳能热水器的集热器以真空管为主，国外以平板为主，是两种完全不同的技术路线。可以说，在太阳能热水器的发展上，中国与发达国家基本处于同一条起跑线上，没有成套的生产线、成熟的产品可以引进。在内无参照、外无引进的背景下，皇明太阳能不仅建立了处于世界太阳能热利用研究领域前沿的核心技术体系，还自主创造了一套完整的太阳能产品工业化生产体系和质量标准检测体系，这突出反映在生产装备的改进和新工艺的引用上。

在太阳能热水器发展的早期，完全是作坊式生产模式，一个人加一把钳子、一把螺丝刀就能生产。面对当时粗制滥造的制造水平，黄鸣整天考虑如何把太阳能热水器的质量提高到洗衣机、电视机那样的水平，制造出质量、性能和外观全都达到家电水准的产品。在原材料上，黄鸣要求"如果国内能生产的，就用质量最高的；如果国内不能生产的，就从国外进口"，当时皇明太阳能热水器使用的不锈钢板从日本、韩国进口，内胆从日本和德国进口，喷粉从德国进口。针对太阳能在户外受风吹雨打容易生锈的问题，皇明太阳能第一个采用喷塑、第一个采用喷塑造光、第一个采用弗丽特喷涂技术。针对水箱保温至关重要的焊接，皇明太阳能在大多数企业还是手工焊接时，就采用自动化电焊技术（赵水忠）。

太阳能热水器生产分为真空管生产、水箱生产、支架生产和太阳能热水器装配四道工序。在缺少参考和经验的情况下，皇明太阳能克服资金和人才困难，坚持设计、实验新的生产装备，升级生产流水线。热水器生产部和真空管生产部都设有设备处,专门从事生产装备的研发和生产线的升级换代。2007年,在国内大多数太阳能热水器企业尚停留在一家一户作坊式生产的背景下,皇明太阳能集团建成了全球首条真空管全自动流水生产线(见图7-2)。这条全新的生产线实现了真空管多体连续镀膜,日产量达到2万支,相当于27台单体镀膜机的日产量。与原来的生产线相比,真空管全自动流水生产线避免了手工操作的失误,使生产的产品性能一致性近乎100%,质量合格率高达99%,模化、精密化的同时,也大大提升了太阳能热水器产品使用的安全性,这在全球范围内也是绝无仅有的。2011年,一条新的生产线启动,这条新的生产线专门生产皇明太阳能最先进的"三维聚光新型真空集热管",这也是皇明4年内建成的第五条真空管自动化生产线。

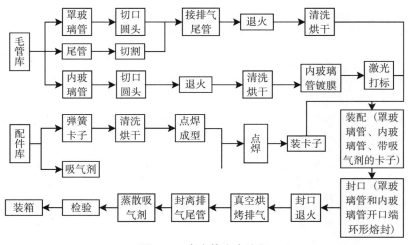

图7-2 真空管生产流程

资料来源:《皇明洁能控股有限公司2012年度第一期短期融资券募集说明书》。

太阳能热水器不同于家电和汽车,后两类产品模块程度很高,产品品质主要取决于各模块,特别是关键零部件的性能以及产品整体架构的科学性,而太阳能热水器的技术原理很简单,也不存在技术含量很高的部件,产品质量的高低主要由生产工艺决定。经过不断的努力,皇明太阳能在关键环节的生产工艺做到了在国内外同行中"人无我有、人有我优",其在生产工艺上的持续创新也带动了国内太阳能热水器产品的换代和行业的升级，甚至对全球太阳能热水器技术发展路线产生了深远影响。太阳能热水器生产流程如图 7-3 所示。

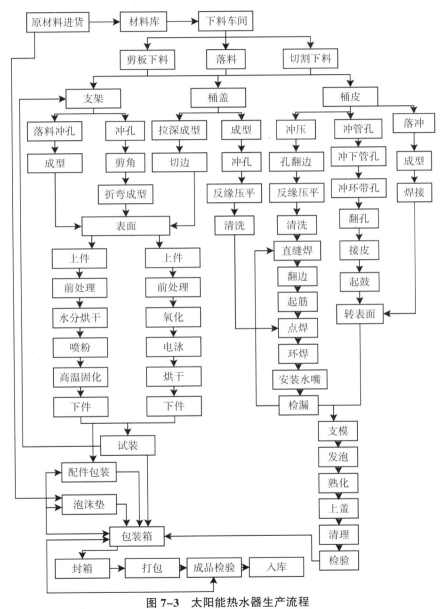

图 7-3 太阳能热水器生产流程

资料来源：《皇明洁能控股有限公司 2012 年度第一期短期融资券募集说明书》。

正如太阳能光伏发电组件的核心部件在光伏面板一样，太阳能热水器产品性能好坏的关键在真空管，而真空管的工艺难点在镀膜。为了抢占太阳能热水器行业竞争高地，皇明太阳能在全行业都在使用传统的渐变膜工艺的时候就积极引进替代工艺。2001年底，皇明太阳能通过并购拥有"三靶干涉膜"技术授权的香港公司Turbosun，同时根据自身在太阳能热水器产业上多年的技术和市场实践，推出了采用新型干涉膜制造工艺生产的"三高180"高温型太阳能热水器。该产品克服了传统渐变膜由于吸收陡峭、发射比随温度上升而加大导致太阳能热水器工作效率的缺陷，具有耐高温、抗高寒、高效吸收的特点。2003年，干涉膜的发明者，悉尼大学物理学院高级研究员章其初博士被皇明太阳能聘为企业镀膜技术首席科学家，进一步巩固了皇明在真空管膜工艺上的行业领先地位。

太阳能热水器属于节能产品，在产品生产过程中，皇明太阳能非常注重能源节约和环境保护，使得太阳能热水器产品不仅在使用过程中，而且在整个生命中对环境的影响降到最低。在生产部门，皇明太阳能节能降耗的途径主要有三条：一是通过技术、工艺革新降低产品物料；二是盘活废旧资产；三是实现工件的联动加工。例如，原来20支以下的亿家能50°智能180产品尾座使用板材为1.5毫米厚度的镀锌板，经过技术部门的多次试制、测算，企业在2011年引进一台尾座冲铆设备，在不降低产品性能的情况下，将尾座板材更换为厚度为1.3毫米厚度的镀锌板，并进一步利用裁减的下脚料增加固定板，加强了尾座的强度。这样一来，企业每年可以节约板材费用28万元，也减少了镀锌过程对环境的破坏。作为一个大型企业，管理部门的能源和资源消耗越来越大，降低物耗和回收利用不能仅是生产部门应该注意的事情。皇明太阳能十分重视管理部门的节能工作，在节电、节水措施之外，也创造了一些新的节能减排制度。例如，企业正在使用的电脑和打印机数量有几千台，几乎每周都有坏掉难以维修的电脑和打印机设备，过去的做法是直接报废，这其实是一种巨大的浪费。目前，皇明太阳能节能降耗小组资讯处对电脑整机及报废机器的零部件实施登记记录，把以前直接报废电脑和打印机上价值较高的、没有坏掉的零部件保留下来用于其他机器的维修。同时，这个制度还能够带来另外一个好处，经过一段时间的记录，可以向企业办公用品采购部门提交一份关于产品质量的报告，帮助采购部门今后选购质量更好的办公设备和用品。

二、生产管理改进

目前，中国制造业的装备已经具有较高水平，一些新建企业采购的都是世界上最新、最先进的机器设备。但是，"中国制造"却始终徘徊在中低端，中国出口产品的竞争力主要还是低价格，产品质量没有与装备同步提高是中国制造业转型升级面临的重大难题，其症结在于生产管理的落后，先进的生产装备没有先进管理理念的支持难以发挥其最大作用。为了增强产品的国际竞争力，在生产装备升级、生产工艺革新的同时，皇明太阳能也非常重视生产管理的改进，而管理改进以设备升级为基础，管理水平的提高反过来又进一步发挥先进生产设备对生产效率和产品质量提升的促进作用。

一个管理改进的例子是在物流管理中导入了错漏装管理系统。皇明太阳能热水器产品型号较多，在基本款型的基础上，很多单品要按照客户要求进行专门设计和制造，因此单个产品之间存在区别但区别不是很明显，在成品组装时容易出现错装、漏装的情况。在企业发展最初的时候，经常有错漏装产品没有及时发现而送到客户手里引起客户不满的情况，对企业形象产生了负面影响。随着企业规模不断扩大，产品系列更加丰富，类似的错误也越来越多。为了彻底改变这一状况，皇明太阳能在仓储管理中引入了基于条码技术的物流管理系统和错漏装管理系统，系统上线后，发错货的现象已经完全杜绝，如表7-1所示。

表7-1　错漏装管理实施效果

现象	系统使用前	系统使用后
成品错发货	经常发错货并且当时无法发现，只有当财务每月盘点时才能发现错误，但不能追究到具体责任人	通过系统控制做到备货检查，杜绝发错货
生产完工统计	生产环节和成品库记录的产品数量很难一致，因此双方矛盾很多。如果少记录入库数量，就会库存盘盈，很难被发现	生产和成品库都以条码扫描结果为准，系统不支持重复扫描，没有扫描入库的产品在出库时系统会发出报警声
派工、欠产和完工数据	很模糊	一目了然
印刷的水箱标签库存	库存有60万张，其中一半以上是老产品，将被淘汰	不需要提前印刷，每天根据生产情况进行打印，因此没有库存积压

续表

现象	系统使用前	系统使用后
特制订单	由于印刷批量问题，技术部要提前7天制作标签	可随时打印
盘点	困难	效率提高3~6倍
水箱编号跟踪	由于手工记录，客户提供水箱编号后查找信息很困难	可随时查询
库存先进先出、库龄分析	手工进行库存管理时很难做到先进先出，库龄分析必须是现场盘点，手工进行	系统自动支持先进先出和库龄分析

资料来源：袁久忠，王刚，李宾. 皇明太阳能集团的物流管理[J]. 物流技术与应用，2008（7）.

错漏装管理系统是物流管理系统的重要组成部分，并依托于条码技术，其验证的基准是粘贴在包装箱上的条码标签。该标签包含有产品的规格型号，在检测点，将各个零配件上的条码进行扫描，并与之对应，如果无误，则通过，否则，系统将报警，从而避免了错漏装现象。该系统能够支持产品所有零配件的检验功能，但考虑到实际情况，只需对几个重要的且容易出现错漏装问题的零配件进行管理，包括水箱、支腿、型材、尾座、左右框、加强角等。在引入错漏装管理系统之后，错漏装的情况逐渐减少直到杜绝，生产效率大幅提高。

除了错漏装管理系统这样涉及整个企业制造部门的重大生产管理系统改进之外，皇明各个生产车间也不断进行管理革新，以提高生产效率，减少次品率。生产车间成功的管理改进经验通过《皇明人》报等企业内部刊物和展板、交流会等形式向全企业推广，这也是皇明企业文化的组成部分。在企业发展早期，几乎每天都有新的来自生产第一线工人的小改小造，这个传统一直延续到现在。例如，2011年，焊接车间维修检测组发现平均分配的检测模式效率较低，且容易出现漏检的情况，经过车间领导和工人的沟通交流以及认真分析，提出了流水线作业的检测模式，这样，每个检测小组只需要负责自己检测的部分，每款电路板的检测时间缩短了1/3，并且，由于检测小组成员专业化水平的提高，漏检错检的情况大幅减少。

第三节 "全过程"质量保障体系

在国内外同行中，皇明太阳能有最严格的原材料标准和生产过程控制，有全行业最苛刻的产品出厂标准和最全面的质量检测，还有技能水平最高的自有安装队伍。正是从原材料到安装服务的"全过程"质量保障体系，使得皇明的太阳能热水器产品具有明显的质量优势（见图7-4）。虽然皇明产品的价格高于同类产品，但市场占有率却保持第一，这反映了消费者对皇明产品品质的肯定和认可。

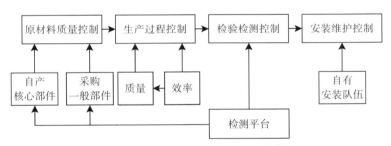

图 7-4 皇明"全过程"质量保障体系

太阳能热水器的特性之一是消费者在刚使用时不能感觉得到质量的差别，因此很多厂家偷工减料、以次充好而欺骗消费者，造成后期的锈蚀、漏水等问题。而皇明太阳能坚持站在用户的角度提供最好用的产品，严把质量关。比如最简单的阀门配件会比竞争对手贵好几倍，但是能保证在开关几十万次后也不会漏水。即使是在1999~2004年企业发展陷入低迷、财务状况糟糕的时期，也没有放弃这一企业核心理念。

皇明太阳能热水器产品的关键部件基本上是由皇明集团下属企业生产的，例如热水器核心的部件——真空管由集团生产中心的真空管生产部负责制造，支架、水箱、热水控制系统等关键部件和配件也全部是自己生产，其余非关键的辅助材料也有严格的采购标准。无论是自己制造的还是采购的原材料和配件，都要通过皇明检测中心的抽样检测。

皇明太阳能对生产过程的控制非常严格。制造企业的现场管理一般有两个目的：提高生效率和保障产品质量。皇明太阳能现场管理的原则是宁可牺牲效率也要保障产品质量。在生产旺季，订单增多，需要招募很多新员工，在订单压力很大的时候，生产车间也坚持"老带新"，老员工要负责新员工的产品质量，绝不允许"赶工"而影响产品质量。

　　皇明太阳能拥有全球技术最先进、门类最齐全、标准等级最高的太阳能热水器检测平台。皇明太阳能技术检测中心拥有 18 大实验室，能够提供 1000 多项检测服务。各个检测实验室使用的检测标准 300 多项，涵盖太阳能热水器产品的方方面面。例如，仅支架喷塑层的检测就有 20 多项，一个橡胶圈的检测项目则相当于一个中型橡胶件厂家的专业检测量。检测标准不仅在数量上高于国家标准和国际标准，标准的严格程度也非常高。例如，保温层保温性能指标比国家标准高 2 倍、真空管真空度内控标准比国家标准高出 100 倍。皇明太阳能检测中心还有环境模拟实验室，能够模拟高温、强紫外线、低温、阴雨、雾气、霜冻、高湿、冰雹、暴风雪等恶劣气候，从而能够检测热水器产品在不同气候条件和天气中的运行情况。其中，整机抗冻实验室最低温度能够达零下 50℃，可模拟南极酷寒环境检测整机适应性，为皇明高纬度太阳能产品的品质提供保障。检测中心还提供类似于汽车碰撞实验的破坏性检测实验。目前，检测中心共有 16 个破坏性实验室，能够测试热水器产品的极限，验证产品的质量和使用寿命。例如，真空管用 0℃冰水和 90℃水交替冲击、铝塑复合管用 9 倍于正常水压保压 10 小时、电加热管干烧 72 小时，等等。2009 年，皇明太阳能获得中国合格评定国家认可委员会（CNAS）颁发的实验室认可证书，从而，皇明太阳能检测中心对热水器阀及附件、塑料制品、全玻璃真空太阳集热管性能检测、家用太阳热水系统的检测结果将得到政府认可。目前，全国通过 CNAS 认可的太阳能方面的检测技术中心还有中国科学院电工研究所太阳光伏发电系统和风力发电系统质量检测中心、青海三江源太阳能系统检测有限公司、云南师范大学太阳能研究所检测中心，皇明太阳能是唯一拥有这一资质的太阳能热水器生产企业。随着越来越多行业隐患的出现与解决，皇明太阳能选择一切以消费者"好用"为标准，不断给自己设置新的检测标准，开创了一套标准的工业体系，推动技术、生产、工艺、管理的全面升级，其产品质量保障体系比国标更全、更细、更严、更能保障产品的好用性能，如表 7-2 所示。

表 7-2 皇明质检标准与国标质检标准对照

类别	主要性能指标	皇明质检标准	国标质检标准
真空管	真空管真空度	$5.0 \times 10^{-4}\,Pa$	$5.0 \times 10^{-2}\,Pa$
	真空管吸收比	≥96%	≥86%
	真空管发射比	≤6%	≤8%
主机热性能	日得热量	≥8.0MJ/m²	≥7.5MJ/m²
	热损因数	≤15W/(m³·K)	≤22W/(m³·K)

资料来源:《皇明洁能控股有限公司 2012 年度第一期短期融资券募集说明书》。

　　皇明太阳能还拥有一支稳定的安装队伍。安装是太阳能热水器销售过程中非常重要的环节,与其他家电产品比较,太阳能热水器的安装难度非常高,与普通燃气热水器比较,太阳能热水器也更具专业性。目前,国内有很多太阳能热水器在使用过程中出现漏水、漏电、支架松动、真空管爆裂、不能保温、不能加热等问题,出现这些问题有的是由于产品质量不合格造成的,但也有相当一部分问题是由于安装不当造成的。与大多数太阳能热水器企业不同,皇明太阳能坚持培养自己的热水器安装和维修队伍。自有安装维修队伍的成本很高,国内绝大多数家电企业都是通过外包的模式为客户提供相关服务,但外包模式难以保障服务的专业性和质量。皇明太阳能自有安装服务人员都是经过专门训练的专业技师,能够为客户提供非常专业化和标准化的安装服务,也能提供热水器清洗、维护和检测服务。自有安装队伍不仅能够保障服务人员的专业性,也能够保障服务人员在安装过程使用符合标准的零配件,安装的过程严格符合操作手册,不留下安全隐患。

第四节　质量优先的规模化

　　对于一个处于加速成长期的企业而言,通过兼并、收购等市场行为能够在最短的时间扩大产能规模,同时,对同行的兼并能够延长产品线,提高产量;对供应商的兼并能够提高原材料、关键部件供应的保障力度;对下游销售渠道的兼并有助于控制市场和统一企业营销策略。因此,对其他企业的兼并成为很多中国企业规模扩张过程中的战略选择。中国有很多行业的发展过程都经历了一次或几次"兼并浪潮"。例如,家电行业在2006年的兼并浪潮中,海信、长虹、新飞分别以不同形式掌控了科龙、美菱和新加坡丰隆。不仅仅是家电制造企业,家电渠道企业也出现多次兼并收购活动,例如国美通过股权加现金的方式收购了永乐。吃"休克鱼"是海尔等家电企业规模扩张过程中的成功经验。汽车行业在金融危机爆发之后也出现一轮兼并重组浪潮。例如北汽集团对广东宝龙的收购、广汽集团对吉奥汽车的收购、广汽对长丰的收购等。兼并能够使得企业以较小的成本获得新的生产能力,但是对被兼并企业的改造也是一个难题,由于企业文化存在差异,有很多被兼并企业并不能顺利地成为兼并企业生产能力的诞生,在很多时候,通过兼并迅速扩大规模的企业难以保障产品质量的统一性。

皇明太阳能吸取教训,企业规模扩张的前提必须是产品寿命、性能、可靠性、安全性等方面的进步。皇明太阳能在其发展过程中,行业管理部门和地方政府多次向董事长黄鸣和其他高级管理人员建议兼并太阳能领域的国营破产企业。对此,皇明太阳能的态度是坚定的,在太阳能热水器技术、市场和商业模式成熟之前,不考虑兼并重组同业企业。这是因为:首先,太阳能热水器行业参差不齐,具备创新能力的企业寥寥无几,各制造企业间有不同的技术路线、产品规格标准以及企业文化,一些希望被兼并的企业存在的问题也不同,因而兼并困难企业的风险较高,兼并重组可能只得到落后产能,这对皇明太阳能保持行业技术领先没有帮助。从这方面看,"不兼并"是皇明太阳能适应行业环境的被动选择。其次,"不兼并",特别是不兼并同行成为皇明太阳能规模化过程中严格遵守的准则,这虽然放缓了企业扩张的步伐,但却始终保持了所有生产线均满足皇明对产品质量和生产管理的高要求,从而使得皇明太阳能的产品质量不会因为规模扩张受到影响,皇明太阳能的企业文化也不会因为兼并而有所变化。从这方面看,"不兼并"是皇明太阳能保障产品质量的主动选择。

皇明太阳能每年都投入大量资金改造生产线,但鲜有兼并收购其他工厂的事件。由于技术更新较快,有时刚建成的生产线就已经落后了,只能进行改造更新,甚至是推倒再建一个新的生产线。不能容忍任何落后生产线,哪怕是自己刚刚建成的新生产线,皇明人把这种精神叫作"不兼并自己"。例如,2007年建成的真空管自动生产线就是皇明太阳能追求"精密化"前提下"规模化"发展的集中反映。大规模自动化生产线首先考虑的

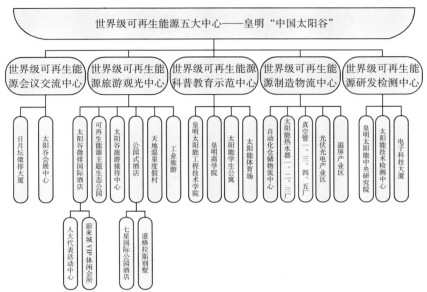

图7-5　太阳谷组成

资料来源：皇明太阳能内部资料。

不是降低成本，而是提高标准化，保障产品和配件的性能、寿命。

在迅速规模化与质量保障之间，皇明太阳能选择以保障产品质量为根本原则，以改造生产线为主、新建生产线为辅逐步提高产量。正是凭借不吃"休克鱼"和不"兼并"自己的精神，皇明太阳能完全自主创新，独创了一整套独立太阳能工业体系，填补了世界空白，打破了产业核心技术被国外垄断的传统现象，并反哺世界太阳能工业，使太阳能产业成为名副其实的"中国创造"。皇明太阳能投资数十亿元，规划占地面积3000亩，在德州打造了世界上最大的太阳能产业聚集地，被中国可再生能源学会、中国资源综合利用协会可再生能源专业委员会和中国农村能源行业协会太阳能热利用专业委员会联合命名为"中国太阳谷"。皇明太阳能致力于将太阳谷打造成世界级可再生能源研发检测中心、制造物流中心、科普教育示范中心、观光旅游中心、国际会议中心"五大中心"，如图7-5所示。

皇明太阳能视质量为企业的生命，始终坚持高标准。在发展初期，由于对配件的质量要求高，很多配件难以达标，皇明太阳能不得已向产业链上游延伸，自己生产配件，甚至小到热水器上的垫片。与此同时，市场上存在很多不具备生产能力的小公司和私人作坊，购买太阳能真空管、水箱支架和管路拼装成热水器，不经检验就销售，留下很大的质量和安全隐患。为了保证质量，皇明太阳能建立了全国最全面、最严格的检测体系，检测范围覆盖上游原材料、配件及产品主机整机各个层面，小到原材料及配件的破坏性检测，大到主机的可靠性、性能稳定性、使用寿命检测，在此基础上提出原装机组产品的概念，即从原材料到主机、配件、辅机，均按太阳能工作状态进行严格检测和控制，由集成厂家统一设计、生产并负责售后服务。黄鸣认为，虽然高度的一体化做得很苦，但收获也大，配件由专业的检测中心自行检测反而成了一个门槛，保障了自己相对于竞争对手的高质量的市场地位。皇明太阳能内部曾因讨论是否通过降低价格抢占市场份额发生过激烈的冲突。1996~1999 年，皇明太阳能的高速增长引来数千家追随者，皇明太阳能 2000 元的产品，那些不规范的小企业 1000 元就能做出来，给营销部门和经销商带来越来越大的压力。在当时皇明太阳能的许多高管看来，在一个高度同质化的行业，没有什么比降价是更好的发展策略，当时家电行业正是通过价格战实现了市场份额向长虹、康佳和 TCL 的集中，因此，凭借皇明太阳能的实力正可以开展大规模降价以迅速占领市场。但是在黄鸣看来，降低价格就意味着降低产品的品质，包括性能、寿命、配件、服务。因为理念不同，2004 年 9~10 月，先后有 1000 名员工（包括几位高层）离开皇明太阳能。皇明太阳能对于质量的追求甚至到了固执的地步。国际金融危机后，国家为刺激内需出台了家电下乡政策，太阳能热水器被列入下乡产品之列。在家电下乡政策出台的几年前，皇明太阳能的科研团队历时 4 年，走访全国 1300 多个乡镇，采集水样 10000 多份，经过上千次实验，研发适合农村市场的太阳能产品——水质宝，弥补了太阳能热水器在水质差的地区结垢、生锈的缺陷。皇明太阳能积极备战家电下乡，专门成立了由市场部、销售部等人员组成家电下乡推进小组，旗下"皇明、亿家能"两个品牌在国内投标了 80 个型号。但是在家电下乡政策实施后，大量不规范的太阳能热水器企业将有严重质量问题的产品向农村地区倾销。农村地区安装条件差、售后服务成本高，要与低端产品竞争农村市场必须降低价格，而降低价格就要牺牲质量和利润。面对混乱的市场，皇明太阳能一度宣布放弃农村市场。

第八章　营销管理

在市场经济环境中，市场营销对于企业而言非常重要，通过营销活动，企业能够认识到目前客户未满足的需要和欲望，估量和确定需求量大小，抉择和决定企业能够更好地为其服务的目标市场，并进一步决定适当的产品、功能和价格，为已经明确的目标市场服务。简单而言，市场营销的作用是发现和了解消费者的需求，指导企业决策、开拓市场和满足消费者需求。对于尚未发展成熟的行业和成长中的企业而言，市场营销最重要的工作除了让产品找到有需求的消费者，还要让消费者认识到新的产品。

20世纪90年代，太阳能热水器产业尚是一个全新的产业。"全新"不仅指产业技术、生产工艺尚处于不断完善的阶段，行业标准尚未定型，行业竞争缺乏秩序，产业工人尚不稳定。同时，"全新"还有另一个含义：消费者对产品缺乏足够的认识，需求非常不足，市场有待培育。皇明太阳能在其发展的10多年里，紧紧围绕新兴行业的特点，以"启蒙"和"共赢"作为基本理念和原则，不断创新营销手段，尝试更适合新兴产业的商业推广模式。依靠成功的营销战略和商业推广战略，皇明太阳能很快成为国内太阳能领域尤其是太阳能热水器行业的龙头企业。

第一节　市场地位与营销模式

一、市场地位

太阳能热水器的技术比较成熟，特别是低端产品的市场进入门槛较低，市场需求的快速增长吸引了众多企业进入，形成了专业强势品牌、区域性品牌、家电品牌与杂牌并存的市场竞争格局，产业集中度低、不同品牌产品的质量参差不齐。但是经过 10 多年的竞争，特别是一些企业致力于提高技术水平、打造高端品牌，也形成了一批比较有影响力的企业，包括皇明太阳能、四季沐歌太阳能、华扬太阳能、太阳雨太阳能、力诺瑞特太阳能、辉煌太阳能、清华阳光太阳能、亿家能太阳能、桑乐太阳能、天普太阳能等，其中皇明、桑乐、太阳雨、四季沐歌等企业的年产量都设计为 100 万台。皇明太阳能自成立以来的太阳能热水器累计销量已突破 2000 万平方米，占全国保有量的 12.5%。此外，皇明太阳能在太阳能热利用工程等细分市场领域也名列前茅。

从表 8-1 可以看到，自 2008 年以来，皇明太阳能的热水器产能基本稳定在 100 万台水平，但是实际产量有较大波动，特别是 2011 年前三季度的产能利用率仅为 60.98%，存在比较严重的开工不足。从表 8-2 可以看到，皇明太阳能的总资产高于主要竞争对手日出东方和桑夏太阳能，但是资产负债率更高，净利润率更低，特别是净利润不到桑夏太阳能的一半，需要引起足够的重视。

表 8-1　2008~2011 年 9 月皇明太阳能产能及主要产品产销情况

项目	2008 年	2009 年	2010 年	2011 年 1~9 月
全年产能（台）	950000	1000000	1000000	1011000
产量（台）	897328	761566	937907	616462
产能利用率（%）	94.46	76.16	93.79	60.98
销量（台）	895571	759989	868260	589973
产销率（%）	99.80	99.79	92.57	95.70

注：以 18 支 180 长度真空管的太阳能热水器作为标准台。
资料来源：《皇明洁能控股有限公司 2012 年度第一期短期融资券募集说明书》。

表 8-2　主要太阳能热水器生产企业 2010 年主要财务数据比较

项目	日出东方	桑夏太阳能	皇明太阳能
总资产（万元）	175467.77	32669.35	338259.76
净资产（万元）	87251.66	13247.09	129907.08
资产负债率（%）	50.27	59.45	61.60
营业收入（万元）	249900.81	34727.54	186820.69
净利润（万元）	1217.02	3808.63	7495.84
净利润率（%）	5.05	10.97	4.01
经营性现金净流量	31503.04	6034.36	10059.95

资料来源：《皇明洁能控股有限公司 2012 年度第一期短期融资券募集说明书》。

二、营销模式

皇明太阳能采取了根据订单生产的经营模式，其具体生产经营流程如图 8-1 所示。[①]

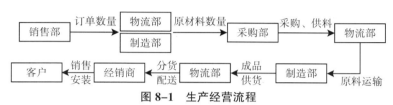

图 8-1 生产经营流程

资料来源：《皇明洁能控股有限公司 2012 年度第一期短期融资券募集说明书》。

以销定产的订单生产模式。太阳能热水器产品是根据客户订单安排生产计划，并根据营销部门的市场需求预测对生产订单进行调整。太阳能热水器 6~9 月从接到订单到成品入库周期为 4 天，10 月至次年 5 月为 5 天。太阳能热水器工程由于工作量大、内胆和支架的工艺加工相对复杂，生产周期一般为 10 天。

销售和售后模式。太阳能热水器除济南公司、德州专营店及南京商场为公司直控的零售终端外，其他均为经销商销售模式，都是采取"款到发货"，因此账期一般。公司在全国拥有 18000 多家经销商，公司前十大经销商销售占比仅为 3.75%。太阳能热水工程主要通过参加招投标方式获得订单，中标后签订工程合同，启动生产流程，通常由工程商负责统一安装，并由公司指派施工指导以保证安装质量。安装完成后由技术部负责验收，之后转由售后服务部门对太阳能热水工程用户进行跟踪和回访。太阳能热水器产品的安装、维修和市场推介活动由所在地区经销商全面负责，但是公司对售后服务的各项内容订立了统一的标准，要求所有经销商按照该标准执行，同时通过电话回访客户等手段监督服务质量。

---

① 本部分主要参考了《皇明洁能控股有限公司 2012 年度第一期短期融资券募集说明书》。

第二节　重点突出的产品和品牌体系

　　作为目前世界太阳能产业的领导者，皇明太阳能每年推广集热器面积300余万平方米，相当于整个欧盟的总和，比北美的两倍还多，皇明品牌集中国驰名商标、中国环境标志产品于一身。

　　在1995年企业发展之初，整个太阳能热水器产业仅有七八亿元的规模，市场充斥着众多技术水平和产品质量参差不齐的企业，没有叫得响的品牌。皇明太阳能是最先做品牌的太阳能热水器企业之一。从1997年开始，皇明太阳能启动"全国太阳能科普车队万里行"活动，在全国各地进行太阳能咨询、企业宣传、招收经销商，将"皇明"打造成全国最知名的太阳能品牌，在很多消费者眼里，"皇明"甚至成为太阳能热水器的代名词。中国调研网的调查结果显示，皇明太阳能作为中国太阳能热水器行业的优势品牌，在2007~2009年连续三年位列中国太阳能热水器品牌提及率榜首位（见表8-3）。目前，"皇明太阳能"和"亿家能太阳能"均是行业内的中国名牌、国家免检产品和中国环境标志产品。

表8-3　2007~2009年太阳能热水器品牌提及率排行

排名	2009年		2008年		2007年	
	品牌	提及率（%）	品牌	提及率（%）	品牌	提及率（%）
1	皇明	33.8	皇明	32.7	皇明	30.1
2	桑乐	10.2	桑乐	9.5	力诺瑞特	12.9
3	太阳雨	10.0	太阳雨	8.4	亿家能	7.2
4	华扬	8.2	亿家能	5.8	天普	5.2
5	力诺瑞特	6.3	华扬	5.0	清华阳光	4.3
6	辉煌	5.4	力诺瑞特	4.5	华扬	4.0
7	亿家能	4.2	辉煌	3.0	桑乐	3.6
8	海尔	3.1	海尔	2.3	辉煌	2.7

　　资料来源：中国调研网。

　　皇明太阳能产品的多元化发展都是围绕企业理想展开的。例如，仅推广太阳能热水器远不能实现"为了子孙的蓝天白云，实现全球能源替代"

的梦想，所以产品扩展到节能门窗、节能玻璃、保温墙；这些还不够，又发展出太阳能系列产品、太阳能一体化，乃至太阳能社区和太阳能城市，只有这样，蓝天白云的理想才能真正实现。经过 20 多年的发展，从最初的简易太阳能热水器开始，目前皇明太阳能的业务主要包括太阳能热水器（家庭热水解决方案）、太阳能热水系统（单位集体热水解决方案）、太阳能高温热发电、太阳能空调、海水淡化等。皇明太阳能集团以太阳能集热热水器为核心，打造了系列化、多层次化的涉及制造业、建筑业、设计业、房地产业、酒店业等多个业务板块的产品体系，并采用多品牌战略区分不同的消费市场，如表 8-4 所示。

表 8-4 皇明集团品牌和产品体系

品牌/业务板块	产品类型	产品体系
皇明太阳能	普通太阳能集热热水器	专为城市大众家庭解决热水方案的热水 e+1 专为高档奢华生活设计的光热光伏一体机 360°聚光，速热双腾热水机 专为高档高层建筑设计的爱唯尔阳台式热水机 热水可直达，冬天更好用的冬畅热水机 专为高寒、高辐射地区设计的金剑热水机
亿家能	中低端家庭太阳能集热热水器	高端 3G 中央热水机组 用于高能、高温、高寒地区的热尊冬佳系列 实现了冬天热水足够多足量用，热水安全到家的热星系列 360°聚光，升温自然快的三维聚光热水机
欧迪克	中高端太阳能集热热水器	芯动力，热水随芯所达——畅享 180 系列 家庭热水畅享家——畅享 160 系列 贴合建筑，热水一触即发——欧迪克阳台式原配一体机 私有智能热水专家——欧迪克分体式太阳能锅炉等
弗丽特	定制中央热水系统服务	逐户定制的太阳能热水器系统
皇明洁能	清洁能源产品	洁能建筑产品：已经在蔚来城和太阳谷项目中实施，包括光立方、天地温泉度假村等 温屏产品：主要应用于美盾节能门窗和温屏节能玻璃等产品 光伏照明产品：主要产品包括太阳能路灯、太阳能墙头、太阳能草坪灯、太阳能地埋灯、太阳能风光互补路灯、太阳能巨型灯、太阳能庭院灯等 光伏组件产品：主要产品包括 BIPV 温屏光伏组件、BIPV 双玻光伏组件、BIPV 满天星光伏组件、单晶硅电池组件、多晶硅电池组件、柔性晶体硅电池组件、非晶硅薄膜电池组件等
Hi-Min CSP	装备	太阳能热发电设备
皇明电子厂	电子器件	太阳能设备控制系统、传感器、控制柜等

续表

品牌/业务板块	产品类型	产品体系
中国太阳谷	产业园	太阳能生产制造、技术研发、人才培养以及相关配套产业
蔚来城	房地产	光合家园小区
微排国际酒店	酒店	太阳能集热系统实现供热水及冬季制热；太阳能板蓄热照明；采用节能保温玻璃和外墙保温板
皇明光电	太阳能光电产品	太阳能光电照明灯、光电照明系统等
好瑞斯建筑节能	建筑设计	为绿色生态建筑提供可持续能源方案

　　尽管皇明太阳能的产品和业务领域不断扩大，但始终坚持以太阳能热水器为业务重点，热水器品牌为全部品牌的中心。第一，太阳能热水器是皇明集团的核心产品。为了在突出行业技术领先优势的同时抢占更广泛的市场，满足更多消费者的需求，先后创立了皇明、亿家能、欧迪克和弗丽特四个太阳能热水器品牌。第二，提高太阳能热水器的市场定位。"皇明"品牌打出知名度后，皇明太阳能开始进行产品定位从低端向高端的调整。2003年进行了一次大规模的产品线调整，砍掉占销售额70%的小规模产品，聚焦于18支集热管以上的大容量产品，最低价格从1000元左右提高到3000元。2004年又进一步扩大产品规模，推出面向别墅、高端公寓的提供全面热水供应的冬冠太阳能热水中心，产品价格在6000~8000元，最高可达20000元。第三，节能产品是皇明产品线诞生的主线。皇明洁能和皇明光电是集团在太阳能热水器主导产品基础上对企业产品线的延长。建筑门窗、太阳能灯等产品虽然与热水器在技术和生产上的关系不大，但同属于节能降耗产品，面临相同的消费市场。有了这些产品，皇明太阳能就能够为客户提供一整套的节能解决方案。第四，坚持相关多元化的发展道路。围绕太阳能热水器为核心的节能产品，皇明太阳能实施了相关多元化战略。例如"中国太阳谷"为太阳能产业在地理上的聚集创造条件，微排酒店和蔚来城是皇明太阳能相关产品的示范应用，好瑞斯则重点将节能产品与传统建筑融为一体，提高产品的美观度。

　　在太阳能热水器业务板块，皇明太阳能选择了多品牌的战略，这在国内太阳能热水器行业，甚至是家电行业都是比较少见的。在企业发展初期，由于"皇明"品牌的档次和价格与国内其他企业比较差距太大，皇明太阳能需要一个面向中低端市场的品牌，"亿家能"品牌由此诞生。在此后的发展过程中，又先后创立了"欧迪克"和"弗丽特"两个品牌。从整个太阳能热水器行业来看，皇明太阳能旗下的四个品牌全部属于中高端，但从皇明内部看，四个品牌则面对不同需求类型的消费者。"皇明"品牌产品以普通热水器为主，主要针对城市用户；"亿家能"主要面对家庭用户，特别是针对特殊气候条件下的需求；"欧迪克"产品在满足普通热水洗澡的基础上，能够为消费者提供更多的使用热水的需求；"弗丽特"则主要面对别墅、小型商用楼等独立建筑用户。

第三节　启蒙式营销理念

除具备新产品的一般性特点外，太阳能产品还具有特殊性。目前，太阳能利用的主要途径包括集热和发电，这其实是对传统加热装置和传统发电形式的替代。但是，单纯从效果上看，太阳能在替代传统加热和发电上并不具有优势，甚至还存在比较明显的劣势：从使用时间上看，太阳能受限于光照时间，夜间和太阳照射不充足的阴天、雨天无法正常使用太阳能；从功率上看，太阳能产品的效果不仅受限于光电、光热转换率，也受限于太阳能集热真空管、光伏面板的面积，一般家庭用户能够获得的太阳光照面积有限，从而影响太阳能产品的使用效果；从方便程度看，由于需要将光能转换为热能或电能，太阳能产品一般都配备储能装置，例如太阳能电池或保温水缸，目前还不能实现能源生产和能源使用同步；从成本上看，太阳能装置价格还比较高，在现行居民电价和燃气价格下，往往需要5年以上的时间才能够收回成本，太阳能产品并不具备显著的"节钱"优势。从几次针对太阳能消费者认知的调研结果中，可以看出在太阳能产品推广初期，消费者对太阳能产品存在上述几大疑虑和担忧。但是，太阳能在节能和环保方面具有明显的优势。同时，由于缺乏国际经验，政府对太阳能热利用产业发展的态度不明确，在大力支持太阳能光伏产业发展的同时，鲜有对太阳能热水器产业的政策支持。

根据新兴产业、新产品营销的一般规律，以及太阳能产品的特殊性，皇明太阳能在营销活动中坚持"启蒙"与产品销售相结合的营销理念，市场营销的目的是卖产品，但营销的过程其实也是对消费者、政府和国际市场介绍太阳能热水器产品功能、功效以及优势的过程。

一、对普通消费者启蒙

与其他新能源和太阳能光伏产业不同，太阳能热水器的主要市场是家庭购买者，因此，对普通消费者的太阳能热利用知识的普及显得非常重要。皇明太阳能对消费者的启蒙教育主要有两条思路：一是培育新的消费习惯。洗热水澡、用热水在很多时候都用来作为判断一个国家或地区的文明程度和发达程度的指标。我国尚处于工业化的中期，居民消费习惯和生活习惯离实现工业化和现代文明国家的差距还比较大，正在处于从几天洗一次澡到每天洗澡，从夏天多洗澡到冬天也天天洗澡，从用冷水洗衣服、洗菜、洗碗到用温水洗的转变过程中。在早期市场中，太阳能热水器只是一个能满足个人夏天洗澡的"洗澡器"。根据居民消费习惯的变化趋势，皇明太阳能适时推出"家庭热水中心"，满足消费者洗澡、洗菜、洗衣、拖地等家庭全方位热水需求，使太阳能热水器成为居家生活的必备产品。皇明太阳能的营销活动并没有限于当前市场空间较大的满足需求有限的消费群体（例如只能夏天使用，或只供一人洗澡量的热水器），更将眼光放在更具成长空间的潜在消费者。二是坚持科普先行的营销理念，公司从企业创办初期就从未放松过对广大消费者进行太阳能热水器知识普及工作。从某方面讲，皇明太阳能的行动不仅是对自己品牌产品的宣传，也是对整个太阳能热水器行业的宣传。

早在 1996 年，皇明创办了《太阳能科普报》，到现在累计发行超过 3 亿份。《太阳能科普报》也成为国内发行量最大、发行时间最长的太阳能科普读物。1997 年，皇明先后启动了"太阳能科普万里行"、"太阳能售后服务万里行"和"百城环保行"等活动，之后每年在全国各地数千个市、县、镇，举办数万场次集太阳能科普展示、销售、服务咨询于一体的活动。科普万里行等活动有力地启蒙了普通消费者对太阳能知识和太阳能热水器产品的了解。不可否认的是，21 世纪国内太阳能热水器市场出现井喷式增长，这与皇明太阳能在 20 世纪 90 年代就开始的科普活动不无相关。

将科普活动和营销活动相结合，皇明太阳能探索出一套独特的太阳能热水器营销策略。2010 年，在河北肃宁春节特卖会上，皇明风雷小组人员利用《太阳能科普报》，皇明优质铜配件、保温防脱模块等宣传工具，向消费者讲解太阳能热水器的特性和使用常识，推广皇明产品在完整热水解决方案、冬天好用等方面的优势，现场成功销售 133 套。科普活动在销售过程中不仅排除了消费者对太阳能热水器的种种顾虑，同时也提升了皇明的品牌影响力。2010年，皇明太阳能的高端3G中央热水器在济南举行的低碳品质生活科普展上首次亮相，这种全新的太阳能热水系统能实现24小时多厨多卫多路供水，具备家用锅炉或大容量热水器的功能，是对家庭传统热水系统的重大变革。对于这种颠覆性的产品来说，消费者首先考虑的是产品是否有效的问题，其次才是价格、品牌、服务的问题。因此，在此次展会上，皇明并没有极力地宣传自己的产品，而是将重点放在向消费者解释3G中央热水器的工作原理、效果，通过3D展示、实物展示和亲身体验让消费者熟悉新产品功能。通过这次科普展会活动，3G中央热水器得到了社会广泛关注，媒体报道的数量超过预期。更重要的是，越来越多的消费者开始关注太阳能热水器产品。2011年，皇明太阳能启动"微排地球洁能科技行"活动，进一步将太阳能科普与产品营销融合在一起。活动以宣传绿色能源、节能建筑、低碳消费为主题，内容包括节能技术推广、学术研讨、节能产品推介等，取得了社会效应和经济效益的双丰收。

皇明太阳能还投资建设用户体验中心，方便普通消费者在展会以外的时间能够随时对太阳能热水器和皇明产品进行深入了解。2010年9月16日，皇明太阳能集团正式将全国规模最大的3G体验馆落户北京。这个位于望京的太阳能3G体验馆，建筑面积达3500平方米，产品范围涵盖了太阳能采暖、太阳能空调、太阳能热水、太阳能照明、太阳能泳池等项目，是国内最先进的太阳能体验基地之一。

2014年，皇明集团与国家可再生能源中心、中国太阳城、国际绿活组织共同启动"未来屋"计划。"未来屋"，全名"未来屋纯绿生活科普启蒙馆"，是一个零碳、微排、低能耗的专注于真正节能环保生活的科普馆。"纯绿"是指纯绿色的生活理念和生活方式；"零碳微排"即极少的二氧化碳、PM25等排放；"科普启蒙馆"意在指出人们在日常生活中对绿色环保的认知误区，传达正确的环保理念，倡导人们践行绿色生活方式。未来屋涵盖零碳微排智慧空调系统、零碳微排智慧热水/纯水系统、零能智慧整体花园系统、太阳能微厨房系列、气候小商品系列五大系统，它把太阳能智能热水（阳台式、屋顶式）、太阳能光伏发电、太阳功能四微窗、太阳能微厨房（阳台式、手提式）、太阳能个人及家庭气候改善产品等不同太阳能技术进行了最佳结合。未来屋的存在不仅仅是一个气候改善商品的商场，更多的在于是一个可流动、可推广的环保科普体验项目，全方位立体展示目前家庭、社会所能应用的最新环保技术和产品，普及节能环保的意义、价值、理念、途径等。

二、争取政府支持

随着传统化石能源的日益枯竭以及化石能源燃烧造成越来越严重的环境污染，中国政府自 20 世纪 90 年代开始提高了对包括太阳能在内的新能源产业发展的重视程度。但是，与水能、风能、核能、生物质能以及同样利用太阳能的光伏产业比较，政府对太阳能热利用产业的重视程度还不够。造成政府政策不清晰的原因有两个方面：一是太阳能热利用产业的规模相对较小，集热方式主要是分散式的，尚无大规模商业利用，特别是缺少能够转化为电力的集热电站；二是生产太阳能集热产品的企业，例如太阳能热水器企业没有积极地向政府宣传产品的性能和优势。

皇明太阳能集团董事长黄鸣是全国人大代表，长期以来，黄鸣董事长利用会议、座谈、访谈等各种机会，借助传统出版物、博客、微博等多种形式，积极推动太阳能热水器行业政策体系的构建和完善。经过不懈努力，皇明太阳能在促进国家健全完善太阳能热水器标准监测体系方面取得了显著成效。皇明太阳能始终坚持提高太阳能热水器行业的质量标准水平，加强质量检测力度。董事长黄鸣认为，为了行业的健康发展，应将太阳能产品制造企业、工程安装单位的服务、质量、检测设施及质检手段等项目，列入太阳能行业从业资质认证范围。行业标准的制定应当以用户需求、产品工作环境为原则，而不应该为照顾大多数企业低水平的现实。否则只能降低标准和要求，造成假冒伪劣产品泛滥，破坏整个市场的健康有序发展，甚至有可能葬送行业。

皇明太阳能还积极成为公共产品采购的供应商。皇明与企业所在地德州政府一直保持良好战略合作关系，是德州城市市政照明、交通信号灯重要的供应商。2012 年，皇明太阳能与锦州市政府签订协议，成为锦州城市发展与规划的战略合作伙伴，在锦州生态城市建设、千亿光伏产业之都建设、2013 锦州世界园林博览会有关建设项目、合资打造融资平台等展开合作。成为公共产品采购的供应商，并提供优质的产品和服务，这有助于让政府更加了解企业，提高企业在社会上的认知度和信用度，同时，皇明品牌出现在各类公共设施上，对居民也起到一定的品牌普及作用。

三、扶持经销商发展

皇明太阳能目前的销售渠道以专卖店为主，未来的发展方向是连锁店模式。由于太阳能热水器产品体积大、重量重，不适合在家电卖场或超市做展示，皇明太阳能没有进入国内较大的家电连锁店，也没有在超市销售。除特许的专卖店外，皇明产品还在建材市场和家居品牌商场进行销售和宣传。在对经销商的控制上，皇明太阳能采用了"挑、教、帮、管、卡、压、治、裁、骂、促"十种手段，即严格挑选、传授知识、协助营销、系统管理、分类供货、强行配套、严格治理、严厉制裁、坚决惩罚、热情激励。通过这些手段的综合运用，皇明太阳能逐步建立起一个能够严格执行集团战略，规范产品安装标准，提供完善售后服务的，提供全套皇明产品、配件和相关服务的经销商队伍。

当然，皇明太阳能也坚持与经销商共同发展的渠道管理理念，具体表现为：一是帮助经销商建设营业网点，给予相应的资金支持，协助培训销售人员和安装技术人员。二是在只能销售皇明产品的原则下，鼓励经销商的多元化经营，包括可以在不同店面销售皇明四大品牌的太阳能热水器产品，在一些地区还可以销售皇明的光电、光伏和其他节能产品。三是对优秀的经销商给予特殊政策，鼓励经销商做大做强。

四、启动海外市场

欧美利用太阳能的历史更长，但产业发展的重点是光伏发电，太阳能集热发展相对滞后。皇明太阳能在发展过程中，始终保持国际化的视角，利用技术优势，充分把握国外市场空白，通过重大的国际会议、学术交流和参观活动积极开拓海外市场。

2008年，受联合国第十四次可持续发展大会特邀，皇明董事长黄鸣博士在联合国总部大楼会议室里发表了"能源替代中国模式"的演讲，这是我国民营企业家首次在联合国讲坛上向全世界推介中国人自己创造的产业模式。黄鸣在这次演讲中，分析了全球经济发展能源压力增大的现状，指出西方国家主要依靠政府补贴的发展不适合发展中国家的国情，一些发达国家可再生能源产业陷入了"扶持—发展—萎缩—再扶持—再发展—再萎缩"的怪圈，而中国太阳能光热发展却取得了巨大的成功。特别是中国成为世界上太阳能集热器最大的生产和使用国，单是皇明太阳能2005年的产量就超过欧盟的总和，而且是北美的两倍多。皇明太阳能通过体验式公众科普教育启发了中国消费者对太阳能的认知，启动市场增长，开创了商业化推广可再生能源的模式。"皇明模式"得到与会政府代表、专家学者的高度认同。

在利用重大国际会议宣传太阳能热水器产品和皇明品牌、皇明模式的同时，皇明太阳能还承办各种相关国际学术交流活动，接待来自全球各地的参观者到太阳谷参观访问。为了加强太阳能和其他新能源人才储备，提升企业技术研发实力和持续研发的后劲，集团成立皇明太阳能工程技术学院，学院也成为皇明开展国际学术交流的重要平台。2005年，素有"美国建筑之父"之称的 Douglas 先生来皇明集团进行学术交流。2009年，世界风能协会的创始人及名誉主席 Preben Maegaard 先生访问皇明，并做关于风能利用的演讲。2011年，美国国家实验室能源部主任马克列文特访问皇明，建立了皇明与美国顶尖实验室的合作基础。立足于太阳能集热，但不局限于太阳能集热，学术交流瞄准的是整个新能源产业，通过这些高规格的国际学术交流，皇明太阳能在国际技术界的地位不断提高。同时，皇明太阳能还积极接待来自世界各地的参观人士。截至2011年底，先后向美国前总统卡特和苏格兰能源大臣马瑟授予中国太阳谷荣誉谷民称号。学术交流和参观访问不仅带来了宝贵经验、知识财富和理论，更是将皇明太阳能的商业理念、品牌形象宣传到海外。

皇明太阳能在利用联合国等国际组织平台大力推广太阳能光热利用和太阳能热水器优点的同时，也在积极开拓海外市场。2000年，中国—南非双边委员会年设立，同年在南非祖马总统访华期间，两国同意设立能源分委会，定期召开会议。2010年11月，在习近平副主席访问南非期间，两国召开了第一次能源分委会会议。参会的中国企业包括中石化、国家电网、工商银行、中核集团等中央大型企业，皇明太阳能董事长黄鸣也应邀参加。利用这次机会，黄鸣与南非能源部进行了深入的沟通，为皇明太阳能热水器产品向南部非洲市场进军奠定了基础。同年，世界太阳城大会在中国太阳谷召开，皇明太阳能与摩洛哥签订协议，拉开了皇明品牌进军北部非洲太阳能市场的序幕。2008年，德国诺瓦蒂公司在西班牙建立的世界上首个商业菲涅尔式太阳能热发电示范站，采用皇明太阳能公司生产的镀膜钢管，该电站已成功运行两年且实现并网发电。经过验证，皇明镀膜钢管各项性能稳定且未见衰减，皇明太阳能是目前全球唯一能够批量化生产集热镀膜钢管的供应商。截至 2011 年，皇明集热镀膜钢管已出口西班牙、德国、法国、印度、意大利等国，成为目前中国唯一一家向国际输出高温热发电核心技术的企业。皇明太阳能的产品能够在欧洲太阳能产业发达的德国、西班牙市场占有一席之地，一方面是坚持在光热领域技术研发的结果，另一方面得益于皇明太阳能通过国际会议、学术交流、展销活动不断向国际市场宣传太阳能热利用理念和太阳能热水器产品性能。2011年，皇明太阳能进军东南亚市场，为了更好地让当地消费者了解太阳能热水器产品，黄鸣在吉隆坡向 300 多名建筑商和建筑设计师发表了"微排地球战略"的演讲，这也是皇明"启蒙式"营销的重要策略。

第四节　商业推广中的"大局观"

　　虽然人类利用太阳能的历史已经有 3000 多年，将太阳能作为一种能源和动力加以利用也有 300 多年的历史。但是，将太阳能作为传统化石能源的重要替代能源和未来能源结构的重要组成部分还是最近二三十年的事情。20 世纪 70 年代开始，太阳能利用技术不断改进、成本显著下降，化石能源价格在波动中不断攀高，且出现枯竭的征兆。在这种情况下，发达国家政府开始制定支持太阳能产业和太阳能利用市场的政策，大力促进技术进步和产品应用，太阳能产业迎来发展的黄金时期。相比较，中国的太阳能产业发展起步更晚，虽然在 1975 年就召开了"全国第一次太阳能利用工作经验交流会议"，但到 20 世纪 90 年代之后才有较快的发展。因此，无论从国际上看还是国内看，太阳能光伏发电和太阳能集热都属于方兴未艾的新兴产业。

　　对于一个新兴产业和全新的产品而言，由于其采用新的技术、新的设计，难免受到消费者的怀疑。同时，消费者对新产品功能和使用操作的熟悉也需要一个过程。因此，新兴产业发展和新产品上市的最初时期是一个充满市场机遇的时期，同时也是一个艰难的市场开拓和商业推广期。在这一过程中，行业中如果有一家或若干家领军企业能够从大局出发，肩负推动产业生态系统完善与行业发展的重任，将有助于加速消费者的认知过程，缩短产品标准确定时间，这对于行业的健康发展非常重要。皇明太阳能在发展过程中，始终坚持企业的发展与推动行业的发展相结合，在商业推广过程中处处以行业发展大局为重。作为国内太阳能光热行业的领军企业，面对国内产业发展和市场的不利局面，不惜代价、不遗余力扫除制约行业发展的种种障碍，义不容辞地担负起谋求行业发展的重任。

一、国内太阳能光热产业化发展现状和制约

虽然近几年来中国太阳能光热产业发展迅速，太阳能热水器的普及率不断提高，消费者对太阳能热水器也更加认可，但是，总体上看，行业发展还存在很多问题，主要表现为：

第一，企业规模小。如果仅仅是实现太阳能的加热功能，并不存在较高的技术壁垒，规模经济效应也不显著，企业建设的资金投入也不大。近几年，太阳能热水器市场增长较快，特别是广大公共基础设施相对落后的农村地区市场增长非常快，这刺激了对太阳能热水器产业的投资力度。目前，国内虽然已经有皇明、华扬、力诺瑞特、四季沐歌、太阳雨、清华阳光、天普等几家规模较大的太阳能热水器企业，但大多数热水器企业的规模非常小，产量非常低，前十家的企业市场占有率不到20%，市场集中度远低于同类家电行业，也低于太阳能光伏产业。

第二，行业聚集的优势尚未发挥出来。目前，国内太阳能热水器企业主要分布在华北和华东地区，尤以北京、山东和江苏最为集中。华北地区除皇明太阳能之外，还有北京的清华阳光、四季沐歌、天普，山东的力诺瑞特、桑乐，华东地区有江苏的华扬、太阳雨、辉煌等。普通住宅的太阳能热水器产品零部件较少，对供应链的要求较低，企业在地理上聚集的优势还难以体现。随着大规模集成化的太阳能热水器在工厂、商业设施中的使用，北京、山东和江苏作为产业聚集地的优势将越来越显著。

第三，产品工艺、标准混乱。在新产品发展初期，往往会出现多条技术路线，随着技术的演进，消费者倾向的形成，产品在发展到成熟期时会锁定在一个或少数几个技术路线上，形成行业的技术标准。太阳能热水器尚处于发展初期，存在几种发展方向，从集热方式上看有真空管道和金属平板，从结构上看有直插式和分体式，从水箱受压上看有承压式和非承压式。在现阶段，如果各家太阳能热水器企业能够根据自己的技术禀赋和优势选择重点发展方向并进行持续的研发投资，这对行业的发展是有利的。但是，在前几年市场激增的情况下，大多数太阳能热水器企业并没有太多

关注于技术研发和工艺改进，而是选择最容易获得的技术或成本最低的零配件。在农村地区，还有大量直接使用橡胶轮胎改制的毫无热转化过程和保温功能的"土太阳能热水器"，这类产品虽然也有加热的功能，但与现代意义上的利用真空管或吸热芯板实现热转换的太阳能热水器存在本质区别。市场存在众多低端、拼凑的产品，这对太阳能热水器产业的健康发展造成不利影响。

第四，质量品质差。太阳能热水器属于光、电、水集成的家用电器，其安全性和加热、保温性能与产品质量密切相关。目前，在国内上市销售的太阳能热水器还不需要单独检测，企业只需按照国家标准生产，自主承诺保障产品质量就可以上市销售。换句话说，产品质量完全靠企业自觉。同时，市场中还存在大量的"作坊式"厂家，这些企业随意购进材料，进行简单组装并销售，没有专业的设计和检测，质量完全无保障。

太阳能热水器产业的发展还面临比较特殊的三个方面的障碍：

一是高层楼房安装太阳能热水器有难度。高层楼房住户较多，而楼顶面积有限，一部分购房者装了，另一部分购房者想装也没地方了，容易引起争论。一些业内人士主张在墙壁和阳台上安装太阳能，以增大可安装面积，解决高层楼房楼顶面积有限的问题。但这种方法存在较大的局限性，并没有推广开来。由于一些热水器产品本身存在缺陷，还容易造成破坏屋面防水层，热水管炸管导致漏水等问题，如果安装不牢固还可能被大风吹翻酿成安全事故。同时热水器本身也缺乏美学设计，影响建筑整体美观。

二是缺乏法规和政策保护。目前，太阳能热水器安装可以依据的法律条款是《中华人民共和国可再生能源法》第十七条，该条款规定：对已建成的建筑物，住户可以在不影响其质量与安全的前提下安装符合技术规范和产品标准的太阳能利用系统；但是，当事人另有约定的除外。正是有了这个"当事人另有约定的除外"的规定，很多小区、单位就能够以各种理由拒绝太阳能热水器的安装，甚至成了司法部门判决业主安装太阳能案败诉的依据。目前，大中型城市很多小区的《物业服务管理协议》，都有明确的"不得在小区内安装太阳能热水器"，或不明确的"禁止一切屋外更改或加建"的要求，这妨碍了太阳能热水器等建筑节能设备的使用。

三是渠道和售后服务发展滞后。在太阳能热水器产业整个价值链中，安装、维护等售后服务的比重比较大。不同于其他家用设备产品，太阳能热水器的安装比较复杂，工人安装水平的高低直接影响热水器产品的性能和安全，因此销售渠道中需要有一个稳定、专业的安装队伍。同时，太阳能热水器的使用年限长，在使用过程中难免会出现各种故障，产品的售后维护、维修也非常重要。从国内整个太阳能热水器市场看，销售渠道和售后网络的规划和建设相对滞后，除了极少数大厂，大多数厂家可以说没有可以控制的渠道和服务系统。

二、肩负行业发展重任

目前，太阳能热水器产业的发展不容乐观，存在众多发展障碍。皇明太阳能作为行业的领军企业，在自身发展的同时，始终坚持以谋求行业的健康发展为己任，从"大局"出发，坚持"先好用后好卖"的营销理念，在推动可再生能源立法、制定行业标准、规范行业行为等方面做出不懈努力。

（一）推动可再生能源立法和修订

一个行业的发展如果缺少法律的保护将存在巨大的风险，太阳能热水器作为一种新兴产品，确实存在较大法律空白，严重阻碍产品的市场开拓。皇明创始人黄鸣作为全国人大代表，已经连续多年不遗余力地推动行业相关法律的立法和修订。2003 年，黄鸣第一次参加全国人民代表大会时，联合了 56 名全国人大代表，提出可再生能源法议案。2005 年 2 月，《中华人民共和国可再生能源法》获得全国人大常委会高票通过，2006 年 1 月 1 日，《可再生能源法》正式实施，法律从议案变成条文，再到颁布实施，速度之快在中国立法史上是罕见的。

在《可再生能源法》颁布之后，为了给太阳能热水器行业营造更好的法律环境，黄鸣还建议修改《可再生能源法》中的第十七条第四段，删除"但是，当事人另有约定的除外"，改为"对已建成的建筑物，住户可以在不影响其质量与安全的前提下安装符合技术规范和产品标准的太阳能利用系统，任何人、单位不准以任何理由阻止业主安装太阳能"。而对于新建房屋，黄鸣建议修改《可再生能源法》中的第十七条第三段，将"房地产开发企业应当根据前款规定的技术规范，在建筑物的设计和施工中，为太阳能利用提供必备条件"改为"房地产开发企业应当根据前款规定的技术规范，在建筑物的设计和施工中，为太阳能利用提供必备条件。未按要求为太阳能利用提供必备条件的建筑，建筑行政主管部门对图纸不予批准，竣工验收不予通过"。如果这些条款得到修订，无疑将为太阳能热水器的安装扫清法规障碍，太阳能热水器市场将迎来一个黄金增长期。

（二）制定和推广太阳能热水器行业标准

标准的制定和推广对于一个行业确定技术路线、保障产品质量具有关键的作用，新兴行业在新产品发展初期往往会因为缺乏统一标准而出现市场秩序混乱的情况。目前，关于太阳能热水器的标准文件，国家标准不到20部，国际标准也不到50部。因为标准的缺失，众多低质产品可以上市销售，严重影响了消费者对太阳能热水器产品的认知。皇明太阳能长期坚持标准先行的战略，目前企业标准已达到350多部，是国际标准的7倍多。早在1997年，皇明太阳能就成立了检测技术中心，目前已经发展成18大实验室，拥有从原材料、配件到整机检测的1000余项检测项目，2009年通过了中国合格评定国家认可委员会（CNAS）的认可，成为国家承认的实验室，其出具的检测报告与国家专业检测机构出具的报告具有同样效力，并得到美国、英国、澳大利亚、德国、日本等45个主要贸易国家的承认，这为皇明太阳能自主企业标准的推广奠定了基础。

皇明太阳能还多次主持或参与太阳能国家标准的制定工作，近3年参加制定的太阳能光热行业国标文件主要有《全玻璃真空太阳集热器》、《家用太阳能热水系统主要部件选材通用技术条件》、《民用建筑太阳能热水系统应用规范》、《太阳能集中热水系统选用与安装》等十几部。皇明太阳能作为太阳能热水器企业，不仅主持多个本行业国家标准的制定，还积极参与建筑、材料等相关国标的制定，使得太阳能热水器产品的使用更加规范，也为行业的发展打造更好的外部环境。

（三）从"不做低端"到"孤军反潜"

国内一批产业的发展过程有这样的规律：在产业发展初期，由于成本高、初期投入大的原因，大多数企业都愿意走高端路线。但是，随着产业技术的成熟、成本的下降，很多企业都舍弃或弱化高端发展路线，转而投向具有更大空间的中低端市场。家电产业就是这样的一个发展过程，中国虽然是全球家电产量最大的国家，但几乎没有掌握一项具有全球领先地位的核心技术。

太阳能热水器由于在购买时单凭外观判断产品质量有很大难度，且产品使用周期长，劣质产品的质量问题在后期的使用中才会逐步暴露。由于太阳能热水器的这个特征，很多不规范的企业生产销售质次价低的低端产品，消费者由于无法判断产品质量，也更愿意购买价格更低的产品，使太阳能热水器市场成为一个典型的"劣币驱逐良币"的"柠檬市场"。皇明太阳能在取得技术、规模与品牌优势之后，没有走家电业的老路，反而舍弃了与竞争对手相同的具有很大市场空间的中低端产品线，坚持走高端路线，做好材料、好工艺，过关的质量、优质的服务、合理的利润的"好用"产品，甚至市场被"好卖"的产品挤占也在所不惜。在自己产品出现问题和弊端的时候，皇明太阳能也勇于承认错误，承担损失。在集团成立早期，皇明太阳能曾陆续主动"召回"了价值 6000 多万元的太阳能热水器，而这些产品全部是按照国标生产的，是完全可以在市场销售的。这些产品在上市几年之后出现了支架严重腐蚀、保温效果快速衰减、安全锁断裂等状况，严重影响了消费者使用。为此，公司主动采取措施，分批次地更换、维修了这些产品。目前，皇明太阳能正在全面舍弃低端的产品线，集中精力做自己的高端产品，这样做不仅实现了与同行的错位竞争，也带动了行业技术水平的提高，既保护了自己，也保护了行业。皇明太阳能不但为自己生产的产品质量负责，2007 年，中国质量万里行促进会与皇明合作，设立了中国第一个"三无"（无法用、配件无保障、服务无人管）太阳能热水器援助中心，以解决消费者的后顾之忧，承担起维护产业良好发展环境的社会责任。

皇明太阳能从来不忌讳向消费者公开自己产品和行业存在的问题和弊端，坚持还消费者知情权。在太阳能热水器市场增长最快的时期，皇明太阳能就向消费者公开太阳能热水器可能存在的十大隐患，包括水中带电、内胆容易腐蚀、保温层可能漏风、支架容易被锈蚀、配件容易漏水等。"十大隐患"不仅为消费者选购放心热水器提供最初的参考，也是皇明太阳能鞭策自己改进产品技术和品质的工具。从 2012 年开始，皇明太阳能为了规范行业行为，冒着巨大压力和风险，建立"曝潜强标网"，提出"行潜不除，强标不立；百姓不安，誓不收兵"的口号，揭露太阳能热水器行业潜规则，呼吁政府出台有关太阳能热水器的国家强制安全标准。2012 年 8 月 10 日至 9 月 24 日不到两个月里，皇明太阳能先后发起三波"反潜"活动。第一波直指国家太阳能现行标准，揭示了我国现行太阳能热水器标准过低、没有强制性要求，行业潜规则导致了太阳能种种隐患。

第二波揭露了一批太阳能热水器产品内胆使用劣质板材、厚度太薄等问题。一些企业为了降低成本，极力反对将内胆厚度写入强制标准。第三波则曝光了全国工商联新能源商会打着商会的牌子和幌子，只收钱不管事，充当某些利益集团的保护伞的黑幕。这三波"反潜"活动不仅反映了皇明太阳能作为一个知名企业的良知，更反映了捍卫行业规则的决心。皇明太阳能的行为已经引起了相关部门的重视，中国太阳能标准化委员会已经正式接收皇明提交的"强安标"建议，国家强制安全标准启动在即，新标准一旦执行，将使得中国太阳能热水器行业的发展向前迈出一大步。

参考文献

［1］Country Report-China，Status of Solar Heating/Cooling and Solar Buildings-2012，http：//www.iea-shc.org/country-report-china.

［2］IPCC. Climate Change 2007：The Physical Science Basis［M］. Cambridge：Cambridge University Press，2007.

［3］Kim，W.，Lee，J. Measuring the Role of Technology-push and Demand-pull in the Dynamic Development of the Semiconductor Industry：The Case of the Global DRAM Market［J］. Journal of Applied Economics，2009，5（1）：83-108.

［4］Lansiti，Marco and Levien，Roy. The Keystone Advantage：What the New Dynamics of Business Ecosystems Mean for Strategy，Innovation，and Sustainability［M］. Boston：Harvard Business School Press，2004.

［5］Moore，J.F. Predators and Prey：A New Ecology of Competition［J］. Harvard Business Review，1993，71（3）：75-86.

［6］Pisano，G. P. and Shih，W. C. Restoring American Competitiveness［J］. Harvard Business Review，2009（8）：2-13.

［7］Reuel Shinnar，Francesco Citro. Solar Thermal Energy：The Forgotten Energy Source［J］. Technology in Society，2007（29）：261-270.

［8］The Climate Institute and E3G. G20 Low Carbon Competitiveness. 2009，http://www.e3g.org/images/uploads/G20_Low_Carbon_Competitiveness_Report.pdf.

［9］德州市开发利用太阳能的实践及启示［EB/OL］. 工业和信息化部网站，http://www.miit.gov.cn，2012-02-12。

［10］《皇明洁能控股有限公司 2012 年度第一期短期融资券募集说明书》。

［11］《皇明洁能控股有限公司 2012 年度企业信用评级报告》大公报D［2011］139 号（主）。

［12］皇明太阳能热发电技术［J］．高科技与产业化，2008（11）．

［13］中国石油．2012 年我国油气对外依存度继续上升［EB/OL］．中央政府门户网站，http://www.gov.cn，2013-01-30．

［14］阿伦·格．报酬递增与经济进步［J］．经济社会体制比较，1996（2）．

［15］安纳利·萨克森宁．硅谷优势［M］．曹蓬，杨宇光译．上海：上海远东出版社，2000．

［16］陈劲．从技术引进到自主创新的学习模式［J］．科研管理，1994（2）．

［17］陈劲．复杂产品系统创新管理［M］．北京：科学出版社，2007．

［18］陈一言．中国太阳能热水器三十年发展历程［EB/OL］．中国太阳能产业联盟网，2009-06-17．

［19］陈勇．中国能源与可持续发展［M］．北京：科学出版社，2007．

［20］邓媚颖．皇明的成功要素——记皇明太阳能集团董事长黄鸣［J］．科技创业，2008（1）．

［21］厄威克·弗莱姆兹．增长的痛苦：通过规范管理战胜企业增长中的危机［M］．北京：中国经济出版社，1998．

［22］傅家骥．技术创新学［M］．北京：清华大学出版社，1998．

［23］韩丹．中国太阳能可持续发展模式领航世界［N］．经济参考报，2005-11-17．

［24］韩敏．皇明：不断创新求发展［J］．电器，2005（7）．

［25］黄鸣．"好用"和"好卖"［J］．21 世纪商业评论，2006（6）．

［26］黄鸣．"皇明的核心竞争力：不竞争"［EB/OL］．博锐管理在线，http：//www.izhong.com/boss/article/943D833281D57F8BE040007F01001275．

［27］黄鸣．"销售质量"与"不差钱"——皇明集团销售经验浅谈［J］．农业工程技术（新能源产业），2009（3）．

［28］黄鸣．好老板"目中无人"［J］．企业管理，2007（4）．

［29］黄鸣．将心共鸣［M］．北京：机械工业出版社，2008．

［30］冀军．皇明：招聘变脸　自造"人才蓄水池"［J］．经营者，2009（Z2）．

［31］阚世华．皇明集团董事长黄鸣　追赶太阳的"夸父"［J］．中国新时代，2006（3）．

[32] 阚世华，章轲.皇明　对员工负责即对社会负责［J］.中国新时代，2011（4）.

[33] 克里斯·祖克，詹姆斯·艾伦.回归核心　［M］.北京：中信出版社，2004.

[34] 克里斯·祖克.从核心扩张　［M］.北京：中信出版社，2004.

[35] 李清宇.皇明集团深陷地产泥沼　主业利润逐年下滑　［EB/OL］.21 世纪经济报道网站，http://www.21cbh.com/HTML/2012-7-16/2MNTc1XzQ3NTU2Mw.html.

[36] 李晓栋."太阳王"黄鸣与他的太阳能事业［J］.华人世界，2009（1）.

[37] 李晓华.产业组织的垂直解体与网络化［J］.中国工业经济，2005（7）.

[38] 李作虎.皇明领跑太阳能"下乡"［N］.齐鲁晚报，2009-07-17.

[39] 刘为礼，申作宏，管霞."疯子"黄鸣为什么能赢　［M］.南京：凤凰出版社，2008.

[40] 罗振涛，霍志臣.太阳能热水器节能减排效果显著［J］.太阳能，2007（11）.

[41] 罗振涛，霍志臣.谈中国太阳能热水器产业及其发展规划［J］.太阳能，2009（8）.

[42] 杰拉什·纳如拉.全球化与技术：相互依赖、创新系统与产业政策　［M］.北京：知识产权出版社，2011.

[43] 马云.依赖你的员工［J］.今日文摘，2010（16）.

[44] 迈克尔·波特.竞争优势　［M］.陈小悦译.北京：华夏出版社，1997.

[45] 迈克尔·波特.竞争战略　［M］.陈小悦译.北京：华夏出版社，1997.

[46] 潘虹秀.皇明的曲线阳光［J］.中国企业家，2009（20）.

[47] 齐尚，吴浪.持续创新促进新能源可持续发展——访全国人大代表、皇明太阳能集团董事长黄鸣［J］.科技创新与品牌，2009（5）.

[48] 乔纳森·福利.修复地球［J］.环球科学，2010（5）.

[49] 秦兴俊，张雨，宋泾溧，宋瑞卿.多元化战略、公司治理与绩效：一个理论综述［J］.河北经贸大学学报，2012（11）.

［50］ 宋佳楠. 皇明热水机组以服务加速"进城"［J］. 家用电器，2011（10）.

［51］ 孙国菲. 皇明：MePad 带来"微排城市"新理念［J］. 中国品牌，2012（3）.

［52］ 王海平. 日出东方董事长独家回应：黄鸣的敌人是他自己［EB/OL］. 21 世纪经济报道，2012–12–13.

［53］ 王伟光，唐晓华. 现代战略管理［M］. 北京：经济管理出版社，2005.

［54］ 王长胜. 黄鸣：太阳能销售传奇的缔造者［J］. 劳动保障世界，2010（12）.

［55］ 王赵宾. 黄鸣：地产业冒险［J］. 中国经济和信息化，2011（22）.

［56］ 威廉·柯林斯，罗伯特·科尔曼，詹姆斯·海伍德，马丁·R.曼宁，菲利普·莫特. 证据确凿，是人类活动让地球变暖［J］. 环球科学，2007（9）.

［57］ 吴贵生，刘建新. 对自主创新的理解［J］. 创新与创业管理（第 2辑），2006（1）.

［58］ 燕纯. 黄鸣：追随太阳的巨人［J］. 财经界，2006（3）.

［59］ 袁久忠，王刚，李宾. 皇明太阳能集团的物流管理［J］. 物流技术与应用，2008（7）.

［60］ 詹姆斯·弗·穆尔. 竞争的衰亡——商业生态系统时代的领导与战略［M］. 北京：北京出版社，1999.

［61］ 张永赞. 力诺 VS 皇明太阳能企业创新模式之辩［J］. 中国建设动态：阳光能源，2009（3）.

［62］ 赵水忠. 皇明的太阳能生意［J］. IT 经理世界，2005（22）.

［63］ 中国科学院可持续发展战略研究组. 2009 中国可持续发展战略报告——探索中国特色的低碳道路［M］. 北京：科学出版社，2009.

［64］ 中国社会科学院工业经济研究所. 国家社科基金重大招标项目研究报告《新型工业化道路与推进工业结构优化升级研究》，"第 5 章　环境承载力与新型工业化".

［65］ 2008 年中国太阳能光伏发电产业分析及投资咨询报告［EB/OL］. 中国投资咨询网，http://www.ocn.com.cn.

［66］ 周攀峰. 黄鸣甩手与皇明大治［J］. 商界评论，2007（8）.

［67］ 朱丽. 皇明"三循环"模式［J］. 东方企业文化，2007（10）.

后 记

　　本书是李晓华研究员主持的中国社会科学院国情调研项目——"皇明太阳能集团考察"的最终成果。该项目是中国社会科学院国情调研课题"中国企业调研"的一个子项目。"中国企业调研"项目是中国社会科学院经济学部组织的重大国情调研项目之一，项目的总负责人是陈佳贵研究员和黄群慧研究员。

　　自《京都议定书》在1997年通过以来，减少因化石能源消耗造成的二氧化碳等温室气体排放从而积极应对全球变暖成为全球的共识。进入21世纪以来，我国"十一五"规划明确提出"十一五"期间单位国内生产总值能耗降低20%左右，主要污染物排放总量减少10%的约束性指标；2009年我国政府承诺，2020年我国单位国内生产总值二氧化碳排放比2005年下降40%~45%，并作为约束性指标被纳入国民经济和社会发展中长期规划。此外，光伏、风能设备制造和应用的快速发展也引起了各级政府、企业和民众对可再生能源的关注。

　　太阳能热利用是可再生能源利用的重要组成部分。与光伏发电、风力发电相比，太阳能热水器的价格相对比较低廉，更适应我国的经济发展水平和居民承受能力，因此对我国节能减排具有更加重要的现实意义。然而长期以来，太阳能热利用受政策重视的程度不够，甚至被称为"被遗忘的能源来源"。皇明太阳能股份有限公司创始人黄鸣先生出于"为了子孙的蓝天白云"的社会责任感，毅然放弃"铁饭碗"辞职下海进入太阳能热水器制造领域，在缺少国家支持的情况下，依靠企业自身的力量，走出一条不同于国外以平板为主的太阳能热水器的技术路线，建立了拥有自主知识产权的太阳能热水器制造体系，将皇明太阳能打造成为我国太阳能热水器产业的领导者，为推动我国太阳能热利用产业的发展与节能减排做出了积极的贡献。"感动"是从前期文献搜集一直到后期调研报告撰写过程一以贯之的关键词。在文献的收集、阅读阶段，我们感受到黄鸣先生真挚的社会责任心和对太阳能利用的热情，课题组的林智博士特意找到二十几年前激发黄鸣先生投身于太阳能事业的《太阳能—热能转换过程》一书在调研时交给他；在与黄鸣先生的座谈交流中，我们感受到他对太阳能事业的执着热爱和鞠躬尽瘁的投入精神；在下车间参观时，他直接参与到技术人员和车间工人对新产品开发的讨论中，表现出对产品创新的不懈追求和对质量的一丝不苟。通过对皇明太阳能的调研与深入研究，我们也认识到，战略性新兴产业的发展不能仅仅依靠企业的力量，整个产业生态系统的完善至关重要，国家必须在此中有所作为。

本书由中国社会科学院工业经济研究所（或曾在工业经济研究所工作、学习过）的研究人员共同完成。具体写作分工如下：第一章由李晓华执笔，第二章、第六章由王涛执笔，第三章由林智执笔，第四章、第五章由何强执笔，第七章、第八章由邓洲执笔。初稿完成后，李晓华承担了全书的统稿工作，对部分章节进行了增删。需要说明的是，由于调研与写作期间正处于皇明太阳能股份有限公司进行 IPO 申请的敏感时期，所以本书未能较详细地分析皇明太阳能投资、财务方面的活动与企业绩效，书中所引用的有关皇明太阳能的财务与销售数据均引自公开资料。

课题在调研过程中得到了皇明太阳能股份有限公司创始人、董事长黄鸣先生，副总经理王久伟先生，董事会秘书田肖牧先生，皇明营销公司总经理杨中兴先生，生产中心总监李广坤先生，技术研发部部长徐志斌先生，皇明品牌运营总监周春玲女士、张水英女士和及宏伟先生的大力支持。课题在立项、写作过程中同样得到工业经济研究所所长黄群慧研究员、工业经济研究所科研处谷玉珍处长与王楠先生一如既往的关心与帮助。山东省邮政储蓄银行郭莹女士、德州市邮政局张娟女士在与皇明太阳能的联系和后续调研活动中提供了很多帮助。课题组对他们表示诚挚的谢意！此外，本书的写作过程中参阅了大量的中外文献，在此向这些文献的作者表示感谢！

由于种种原因，本书的完稿拖延了较长时间，在此对经济管理出版社的领导表示歉意！由于作者水平有限，本书可能未充分展现皇明太阳能的现状与经验，请黄鸣先生及皇明太阳能股份有限公司能够给予谅解！书中难免存在这样那样的疏漏和错误，恳请读者给予批评指正！